JN086379

Dis-moi tout !

Nouvelle édition

Léna Giunta

Tomohiko Kiyooka

HAKUSUISHA

─── 音声ダウンロード ───

  この教科書の音源は白水社ホームページ（http://www.
hakusuisha.co.jp/download/）からダウンロードすることが
できます（お問い合わせ先：text@hakusuisha.co.jp）。

装丁・レイアウト・本文組・イラスト
mg-okada

●

地図
閏月社

●

ナレーション
Léna Giunta, Sylvain Detey, Claire Renoul,
Christophe Pagès, Georges Veyssière, Tomohiko Kiyooka

はじめに

『Dis-moi tout！(ぜんぶ話して！)』は、はじめてフランス語を学ぶみなさんのために作られた教科書です。自分からどんどん話したくなり、またもっともっと相手の言葉を聞きたくなる……本書には、そうしたコミュニケーションの喜びがつまっています。シンプルで発展性のあるモデル会話、簡潔な文法項目、使いやすい語彙の紹介、そしてふんだんに盛り込まれた音声問題。節度のある、そして自然なフランス語は、フランス語圏の日常にそのまま通じています（ですから、もちろん初級〜中級の会話のクラスにも適しています）。

本書が、活発で生き生きした授業の一助になれば、それ以上の喜びはありません。

2020 年秋　レナ・ジュンタ、清岡智比古

本書の構成 *Structure du livre*

- ・導入 *Une leçon d'introduction (leçon 0)*
- ・14 課（1 課 4 ページ構成）*14 leçons (1 leçon = 2 doubles-pages)*

　各課の構成　*Structure d'une leçon :*

À VOUS !（やってみよう！）

ミニ会話
Mini-dialogues

文法項目・動詞活用
Points de grammaire et conjugaison

音声のトラック番号
Numéro de la piste audio

日仏二か国語の指示
Consignes bilingues

À VOUS !（やってみよう！）
短い基本モデル会話（この課の目標、語彙、ペア練習）
Modèles clairs et simples (objectifs clairement indiqués, vocabulaire et activités à deux)

DIALOGUE
聞き取り（会話の穴埋め問題）
Exercice de dictée

COMPRÉHENSION ORALE
聞き取り（会話の内容についての正誤問題）
Activité d'exploitation d'un document sonore

PRONONCIATION
発音のまとめ
Exercices de phonétique

- ・付録 *Des annexes* :
　フランスおよびフランコフォニーの地図／数字／文法練習問題／DIALOGUEの和訳例／動詞活用表
　Cartes de France et du monde de la Francophonie / Nombres / Exercices de grammaire / Traduction des DIALOGUES / Tableaux de conjugaison

❶ アルファベ l'alphabet

A a [a]	B b [be]	C c [se]	D d [de]		
E e [ə]	F f [ɛf]	G g [ʒe]	H h [aʃ]		
I i [i]	J j [ʒi]	K k [ka]	L l [ɛl]	M m [ɛm]	N n [ɛn]
O o [o]	P p [pe]	Q q [ky]	R r [ɛr]	S s [ɛs]	T t [te]
U u [y]	V v [ve]	W w [dublǝve]	X x [iks]		
Y y [igrek]	Z z [zɛd]				

26 文字 = 6 母音字 + 20 子音字

■ 音源を聞いて、共通の母音を持つアルファベをならべた表を完成させましょう。
Écoutez et écrivez les lettres de l'alphabet dans l'ordre où vous les entendez.

[a]	[e]	[ə]	[ɛ]	[i]	[o]	[y]
1.	4.	12.	13.	20.	24.	25.
2.	5.		14.	21.		26.
3.	6.		15.	22.		
	7.		16.	23.		
	8.		17.			
	9.		18.			
	10.		19.			
	11.					

❷ つづり字記号 *les signes orthographiques*

é	アクサン・テギュ	accent aigu	café cinéma
à è ù	アクサン・グラーヴ	accent grave	là crème où
â ê î ô û	アクサン・スィルコンフレクス	accent circonflexe	crêpe hôtel
ë ï ü	トレマ	tréma	Noël Hawaï
ç	セディーユ	cédille	ça leçon
'	アポストロフ	apostrophe	l'opéra l'école
-	トレ・デュニオン	trait d'union	rendez-vous après-midi

> 1. アクサン・テギュは、e のみに付けることができます。発音は [e] となります。
> 2. アクサン・グラーヴとアクサン・スィルコンフレクスが発音に影響するのは、e の場合のみです。è も ê も、[ɛ] と発音します。
> 3. トレマが付いた ë は、[ɛ] と発音します。トレマが付いた ï は、他の文字とは切り離し、[i] と発音します。(Hawaï = Ha-wa-ï)
> 4. セディーユは c にのみ付きます。ç の発音は [s] です。

❸ **発音のルール①** *les règles de prononciation ①* 🎧 5

語末の子音字　語末の子音字は発音しない。

Pari<u>s</u>　croissan<u>t</u>　gran<u>d</u>　ri<u>z</u>

　　　＊ただし c, f, l, r は発音することが多い。ave<u>c</u>　che<u>f</u>　journa<u>l</u>　bonjou<u>r</u>

e の読み方　[e] または [ɛ] と発音するのが原則。

m<u>e</u>rci　ch<u>e</u>z　d<u>e</u>ssin

caf<u>é</u>　cr<u>è</u>me　cr<u>ê</u>pe　No<u>ë</u>l　　　つづり字記号がつく場合も [e] または [ɛ] と発音する。

　　　＊ただし e が無音になる場合

　　　　i) 語末の e　　France　Mari<u>e</u>　étudiant<u>e</u>

　　　　ii) e の後に「子音字＋母音字」が続く場合　　l<u>e</u>çon　sam<u>e</u>di　m<u>e</u>nu

h の読み方　h は発音しない。

<u>h</u>ôpital　<u>h</u>iver　t<u>h</u>é

　　　　＊ただし、ch = [ʃ]　　<u>Ch</u>anel　<u>ch</u>ocolat

　　　　　　　　ph = [f]　　télé<u>ph</u>one　<u>ph</u>oto

❹ **発音のルール②** *les règles de prononciation ②*

単母音字　a, i, o, u はアルファベの読み方と同じ。ただし y は [i]。　🎧 6

　1) a, à, â　　[a]　　　　　<u>a</u>nimal　t<u>a</u>ble　<u>â</u>ge

　2) i, î, ï　　[i]　　　　　merc<u>i</u>　<u>i</u>mage　<u>î</u>le

　3) o, ô　　[ɔ / o]　　　　c<u>o</u>mme　éc<u>o</u>nomie　h<u>ô</u>tel

　4) u, û　　[y]　　　　　<u>u</u>niversité　c<u>u</u>lture　fl<u>û</u>te

　5) y　　　[i]　　　　　st<u>y</u>le　st<u>y</u>lo　h<u>y</u>bride

　　　＊〈母音字＋y＋母音字〉の場合：emplo**y**é = em-plo**i**-**i**é, vo**y**age = vo**i**-**i**a-ge

母音字が組み合わされた場合　単母音として発音される。　🎧 7

　1) ai, ei　　[ɛ]　　　fran<u>ç</u>ais　S<u>ei</u>ne　n<u>ei</u>ge

　2) au, eau　　[o]　　　s<u>au</u>ce　b<u>eau</u>　bat<u>eau</u>

　3) eu, œu　　[ø / œ]　　bl<u>eu</u>　prof<u>eu</u>sseur　s<u>œu</u>r

　4) ou, où, oû　[u]　　　bonj<u>ou</u>r　ch<u>ou</u>　<u>où</u>

　5) oi　　　[wa]　　　m<u>oi</u>　t<u>oi</u>　chin<u>oi</u>s

鼻母音になる場合 〈母音字 ＋ m / n〉　

1）am, an, em, en　　　[ã]　　lampe　vacances　ensemble　accent

2）im, in, ym, yn　⎫　　　　　impossible　vin　sympa
　　　　　　　　　　⎬ [ɛ̃]
　　aim, ain, eim, ein ⎭　　　faim　américain　plein

　　um, un　　　　　[œ̃]　　parfum　lundi

3）om, on　　　　　　[ɔ̃]　　nombre　non　bon

4）ien　　　　　　　　[jɛ̃]　　bien　canadien

5）éen　　　　　　　　[eɛ̃]　　lycéen　coréen

＊鼻母音になるはずのつづり字（＝母音字＋m / n）なのに、鼻母音にならない2つのケース

ⅰ）直後に m か n が続いている場合　parisienne　comment

ⅱ）直後に母音字が続いている場合　université　maintenant

❺ 発音のルール③ *les règles de prononciation ③*　

1）c　 + a, o, u　[k]　　　　café　école　cuisine

　　　 + e, i, y　[s]　　　　sauce　cinéma　cycle

2）ç　　　　　　[s]　　　　ça　français　garçon

3）g　 + a, o, u　[g]　　　　gâteau　gomme　légume

　　　 + e, i, y　[ʒ]　　　　fromage　énergie　gymnastique

4）gu + e, i, y　[g]　　　　langue　guitare

5）s, ss　　　　[s]　　　　sport　université　poisson

　　母音＋s＋母音　[z]　　　saison　liaison　poison

6）gn　　　　　[ɲ]　　　　cognac　champagne　espagnol

7）qu　　　　　[k]　　　　quatre　question　musique

❻ 発音のルール④ *les règles de prononciation ④*　

リエゾン *la liaison*　本来発音されない語末の**子音字**が、次に母音で始まる語がくると、その母音と結びついて発音されるようになること

des amis　　vous êtes　　deux ans

アンシェヌマン *l'enchaînement*　発音される語末の**子音**が、次に母音で始まる語がくると、その母音と一体化して発音されること

il est　　elle a　　une amie

エリジオン *l'élision*　ce, de, je, le, la, me, ne, que, se, te の10語が、次に母音で始まる語がくると、それぞれ c', d', j', l', m', n', qu', s', t' になること (si は、il, ils の前でだけ s' になる)

je m'appelle　　j'ai　　l'étudiant

■ 例にならって、自分の名前とそのつづりを言ってみましょう。*Dites et épelez votre nom comme dans l'exemple.*

Je m'appelle *Rei Tomioka*. Ça s'écrit R, E, I espace T, O, M, I, O, K, A.

わたしの名前は富岡礼です。R、E、I、スペース、T、O、M、I、O、K、A、と書きます。

■ 人の名前とそのつづりを聞きとってみましょう。*Écoutez et écrivez les prénoms.*

1. K __ __   2. __ __ R __ __   3. __ __ A __ Ç __ __ __

4. __ É __ Ô __ __   5. __ L __ __ __ __   6. __ __ __ __ __ __

❼ 教室でよく使う表現 *les mots de la classe*

1) **フランス語の意味を聞いてみよう！**

Qu'est-ce que ça veut dire « *Merci* » ?

"Merci." はどういう意味ですか？

Ça veut dire « ありがとう ».

「ありがとう」という意味です。

■ 上にならって、フランス語の意味を聞いてみましょう。*Demandez le sens des mots et expressions.*

1. Bonjour.   2. Oui.   3. Non.   4. Pardon.   5. Au revoir.   6. À bientôt.

答えがわからないときは、Je ne sais pas. 「知りません」と答えましょう。

2) **フランス語でなんというか聞いてみよう！**

Comment on dit « さようなら » en français ?

「さようなら」はフランス語でなんと言いますか？

On dit « *Au revoir* ».

"Au revoir." と言います。

■ 上にならって、フランス語でなんというか聞いてみましょう。*Demandez la traduction française.*

1. ありがとう。   2. こんにちは。   3. またね！   4. こんばんは。   5. どういたしまして。

3) **フランス語のつづりを聞いてみよう！**

Comment ça s'écrit, « *salut* » ?

"salut" は、どう書きますか？

Ça s'écrit S, A, L, U, T.

S、A、L、U、T と書きます。

■ 上にならって、フランス語のつづりを聞いてみましょう。*Demandez d'épeler.*

1. bonjour   2. oui   3. merci   4. au revoir   5. ça va   6. à bientôt

4) 先生が使う表現

> **Regardez.**
> 見てください。

> **Écoutez.**
> 聞いてください。

> **Répétez.**
> くりかえしてください。

> **Lisez.**
> 読んでください。

> **Répondez.**
> 答えてください。

> **Écrivez.**
> 書いてください。

5) 数字0〜10

| 0 | zéro | 1 | un / une | 2 | deux | 3 | trois | 4 | quatre | 5 | cinq |
| | | 6 | six | 7 | sept | 8 | huit | 9 | neuf | 10 | dix |

（数字→ L.5, L.6, p.72）

❽ あいさつをする／名前を聞く・言う *saluer, demander et dire le nom*

1) あいさつをしてみよう！

（ていねいな表現）

> **Bonjour ! Comment allez-vous ?**
> こんにちは！ お元気ですか？

> **Bien, merci. Et vous ?**
> 元気です、ありがとう。あなたは？

> **Très bien, merci.**
> とても元気です、ありがとう。

（くだけた表現）

> **Salut ! Ça va ?**
> やあ！ 元気？

> **Ça va, merci. Et toi ?**
> 元気だよ、ありがとう。きみは？

> **Ça va bien, merci.**
> 元気だよ、ありがとう。

■ 上にならって、ていねいな表現、くだけた表現であいさつしてみましょう。
Saluez votre partenaire en contexte formel et informel.

2) 名前を聞いてみよう・言ってみよう！

（ていねいな表現）

Comment vous vous appelez ?
名前はなんというのですか？

Je m'appelle Kaori Eto. Et vous ?
江藤香織です。あなたは？

Moi, je m'appelle Éric Dupuis.
わたしはエリック・デュピュイです。

（くだけた表現）

Comment tu t'appelles ?
名前はなんていうの？

Je m'appelle Kaori. Et toi ?
香織よ。あなたは？

Moi, je m'appelle Yu.
ぼくは優だよ。

■ 上にならって、ていねいな表現、くだけた表現で名前を聞いてみましょう。❼ の3）にならって名前のつづりも聞いてみ
ましょう。*Demandez le nom de votre partenaire en contexte formel et informel. Puis demandez d'épeler le nom (cf. ❼ 3).*

---

tu「きみ」と vous「あなた」の使い分け

①一般的な人間関係（例：お客さんと店員）や初対面の場合、また年長者や目上の相手に対しても、vous を用います。
学生は教員に対して、vous で呼びかけましょう。
②家族や友だち同士など親しい間柄や、子供に向かって話す場合などは、tu を用います。ただし若い人たちは、初対
面から tu で呼び合うことも。学生同士の会話では、tu を使ってください。
③親しくなってきたら、« On peut se tutoyer ? »「tu で呼び合うことにしますか？」とたずねた上で、vous から tu に
変更します。tu を使い始めたら、もう vous では呼びかけません。

Tu es japonais ?

きみは日本人？

Tu es japonais ?

Oui, je suis japonais. Et toi ?

Moi aussi, je suis japonaise.

Vous êtes étudiante ?

Non, je ne suis pas étudiante. Et vous ?

Moi non plus, je ne suis pas étudiant.

❶ **主語代名詞** *le pronom personnel sujet*　ELISION　je は、母音の前では j' となります。

je (j')	わたしは	nous	わたしたちは
tu	きみは	vous	きみたちは／あなたは／あなたたちは
il	彼は／それは	ils	彼らは／それらは
elle	彼女は／それは	elles	彼女らは／それらは

❷ **être の活用** *le verbe « être »*

être ～である（英語の be 動詞）

je	suis	nous	sommes
tu	es	vous	êtes
il elle	est	ils elles	sont

être の否定形

je	ne suis pas	nous	ne sommes pas
tu	n'es pas	vous	n'êtes pas
il elle	n'est pas	ils elles	ne sont pas

ENCHAÎNEMENT　il est / elle est　LIAISON　vous êtes　ELISION　ne は、母音の前では n' となります。

❸ **男性形と女性形** *le masculin et le féminin* ／一般に〈男性形＋ e ＝女性形〉です。

男性形 masculin	女性形 féminin	
japonais	japonaise	日本人
étudiant	étudiante	学生

❹ **イントネーションによる疑問文** *l'interrogation* ／文の最後に「？」をつけ、上げ調子で発音します。

 （主語） ＋ （動詞）　　～　？

Tu	es	japonais(e) ?	きみは日本人（女性）？
Vous	êtes	étudiant(e) ?	あなたは（女子）学生ですか？

❺ **否定表現** *la négation* ／動詞を ne ～ pas ではさみます。

Je suis japonais. 　→ Je **ne** suis **pas** japonais. 　わたしは日本人（男性）ではありません。

Elle est française. 　→ Elle **n'est pas** française. 　彼女はフランス人ではありません。

国籍や職業をたずね、それに答える *demander et dire la nationalité et la profession*

Modèle 1　まずは基本モデル1をおぼえよう

A : **Tu es** japonais(e) ? / **Vous êtes** japonais(e) ?　　きみは日本人なの？／あなたは日本人ですか？

B : – Oui, je suis japonais(e).　　　　　　　　　　　　　ーはい、わたしは日本人です。

　　– Non, je ne suis pas japonais(e). Je suis　　　　ーいいえ、わたしは日本人ではありません。

　　chinois(e).　　　　　　　　　　　　　　　　　　　中国人です。

1 国籍・職業についての表を完成させましょう。答え合わせの後、音源を聞いて発音しましょう。

Complétez le tableau en écrivant la traduction japonaise des nationalités et des professions puis leur forme masculine ou féminine. Corrigez puis écoutez et répétez.

	男性形 **masculin**	女性形 **féminin**	和訳 **japonais**	
1	japonais	japonaise	日本人	
2	français			
3		chinoise		
4	américain			
5	suisse			
6	canadien			
7	coréen	coréenne		
8		étudiante		
9		lycéenne		
10	enseignant			

例外 exceptions : -e → -e　　-ien → -ienne　　-éen → -éenne

2 例にならって tu を用い、パートナーに国籍・職業をたずねましょう。

Interrogez votre partenaire sur sa nationalité et sa profession en contexte informel (tu) comme dans l'exemple.

Ex *Yuri* : **Tu es** chinois ?

　　Ken : Non, je ne suis pas chinois. Je suis japonais. **Tu es** étudiante ?

　　Yuri : Oui, je suis étudiante.

3 例にならってパートナーを紹介しましょう（動詞の活用形に注意）。

Présentez votre partenaire comme dans l'exemple.

Ex Ken n'est pas chinois. Il est japonais. Il n'est pas lycéen. Il est étudiant.

出身や学部をたずね、それに答える *demander et dire la ville d'origine et la faculté*　🎧30

Modèle 2　まずは基本モデル2をおぼえよう

A : **Tu es** de Tokyo ?　　　　　　　　　　　　東京出身なの？

B : Oui, je suis de Tokyo. **Et toi ?**　　　　　そう、東京出身だよ。きみは？

A : – **Moi aussi,** je suis de Tokyo.　　　　　ーわたしもそう、東京出身。

　　– **Moi, je** ne suis pas de Tokyo.　　　　ーわたしは東京出身じゃないの。　大阪出身だよ。
　　　Je suis d'Osaka.

C : **Vous êtes** en droit ?　　　　　　　　　　法学部なんですか？

D : Non, je ne suis pas en droit. **Et vous ?**　いいえ、法学部ではありません。あなたは？

C : – **Moi non plus,** je **ne** suis **pas** en droit.　ーわたしも、法学部ではありません。経済学部です。
　　　Je suis en économie.

　　– **Moi, je** suis en droit.　　　　　　　　ーわたしは法学部です。

🔺 出身地・学部を表現する　　　　　　　　　　　　　　　　　　　　　　🎧31

① | **être** | **de** | ＋ 都市名 |　「〜出身である」

　　Je suis de Miyazaki (/ de Sapporo / de Chiba).　　わたしは宮崎（／札幌／千葉）出身です。

　　　　　　　　　　🔘**ÉLISION** d'Osaka (/ d'Akita / d'Ibaraki)　大阪（／秋田／茨城）出身

② | **être** | **en** | ＋ 学部（学科）名 |　「〜学部（学科）に属している」

　　Je suis en lettres (/ en commerce / en sciences et technologies).

　　　　　　　　　　　　　　　　　　　　わたしは文（／商／理工）学部です。

　　　　　🔘**LIAISON** en anglais (/ en économie / en histoire)　英語（／経済／史）学部（学科）に

🔺 決まった表現　　　　　　　　　　　　　　　　　　　　　　　　　🎧32

① **Et toi ?** / **Et vous ?** (= And you ?)　「きみは？」／「あなたは？」

② **Moi aussi, ...** / **Moi non plus, ...**　「わたしも〜です。」／「わたしも〜ではないです。」

③ **Moi, je ...**　「わたしは〜」
　　相手の言葉に対し、それとはちがう内容を話そうとする場合、Moi, je ... という形で話し始めます。

1 例にならってパートナーに質問しましょう。*Interrogez votre partenaire comme dans l'exemple.*

　Ex　A : **Tu es** suisse ?

　　　B : Non, je ne suis pas suisse. Je suis japonais(e). **Et toi ?**

　　　A : **Moi non plus**, je ne suis pas suisse. Je suis japonais(e).

1. **Vous êtes** japonais(e) ?　　　　　2. **Tu es** chinois(e) ?

3. **Tu es** lycéen(ne) ?　　　　　　　4. **Vous êtes** de Tokyo ?

5. **Vous êtes** en économie ?　　　　6. **Tu es** enseignant(e) ?

音源を聞いて文を完成させましょう。答え合わせの後、練習してみましょう。（和訳→ p.87）
Écoutez le dialogue et complétez les phrases. Puis corrigez et répétez.　🎧 33

Lucas : Salut ! _____ française ?

Julie : Oui, _____ française. Et toi ?

Lucas : _____, je suis _____. Je suis _____ Marseille.

Julie : Ah bon !* _____, je suis _____ Paris. Et** tu es _____ ?

Lucas : _____, je suis _____. Et toi ?

Julie : _____, je suis _____. Et tu es en anglais ?

Lucas : Non, _____ en anglais. Et toi ?

Julie : _____, je ne suis pas en anglais. Je suis _____ histoire.

*Ah bon !「そうですか！」「そうなんだ！」

**Et... ? 相手の質問に答えたあと、つづけてこちらから質問する場合の形。

クララと涼の会話を聞き、正しい答えに✓をつけましょう。
Écoutez le dialogue et cochez la bonne réponse.　🎧 34

	VRAI (○)	FAUX (×)
1. Ryo n'est pas chinois. 涼は中国人ではない。	✓	
2. Clara est française. クララはフランス人だ。		
3. Ryo n'est pas en économie. 涼は経済学部ではない。		
4. Clara est en lettres. クララは文学部だ。		
5. Ryo est de Tokyo. 涼は東京出身だ。		
6. Clara n'est pas de Genève. クララはジュネーヴ出身ではない。		

音源を聞いて発音しましょう。*Écoutez et répétez.*　🎧 35

1 [ɛ̃]	[ɛn]	2 [ɛ]	[ɛz]	3 [wa]
améric**ain**	améric**aine**	japon**ais**	japon**aise**	chin**ois**
canad**ien**	canad**ienne**	franç**ais**	franç**aise**	m**oi**
cor**éen**	cor**éenne**	angl**ais**	angl**aise**	t**oi**
lyc**éen**	lyc**éenne**			dr**oit**

LEÇON 2

Est-ce que tu travailles ?
きみははたらいてるの？

Est-ce que tu travailles ?

Oui, je travaille. Et toi ?

Moi aussi, je travaille.

Vous n'habitez pas à Tokyo ?

Si, j'habite à Tokyo. Et vous ?

Moi, je n'habite pas à Tokyo. J'habite à Osaka.

❶ -er 動詞の活用 *les verbes en –er*

je (j')	-e	nous	-ons [ɔ̃]
tu	-es	vous	-ez [e]
il elle	-e	ils elles	-ent

＊活用語尾としての -e, -es, -ent は読みません。

❷ travailler と habiter の活用 *les verbes « travailler » et « habiter »*

travailler 働く　37

je	travaille	nous	travaillons
tu	travailles	vous	travaillez
il elle	travaille	ils elles	travaillent

travailler の否定形　38

je	ne travaille pas	nous	ne travaillons pas
tu	ne travailles pas	vous	ne travaillez pas
il elle	ne travaille pas	ils elles	ne travaillent pas

habiter 住む　39

j'	habite	nous	habitons
tu	habites	vous	habitez
il elle	habite	ils elles	habitent

habiter の否定形　40

je	n'habite pas	nous	n'habitons pas
tu	n'habites pas	vous	n'habitez pas
il elle	n'habite pas	ils elles	n'habitent pas

ÉLISION j'habite / je n'habite pas, etc.　**ENCHAÎNEMENT** il habite / elle habite　**LIAISON** nous‿habitons / vous‿habitez / ils‿habitent / elles‿habitent

❸ Est-ce que を用いた疑問文 *l'interrogation avec « est-ce que »*　41

Est-ce que	**S**(主語)	+	**V**(動詞)	～ ?

Est-ce que　tu　habites　à Kanagawa ?　神奈川に住んでるの？

ÉLISION Est-ce qu'il habite à Chiba ? / Est-ce qu'elle habite à Chiba ?
Est-ce qu'ils travaillent ? / Est-ce qu'elles travaillent ?

さまざまな -er 動詞を肯定・否定で使う *poser des questions en utilisant des verbes en -er, y répondre* 🔊 42

Modèle 1

A : Est-ce que <u>tu travailles</u> ?	きみはバイト（仕事）してるの？
B : Oui, je travaille. <u>Et toi</u> ?	そう、バイトしてるよ。きみは？
A : – **Moi aussi**, je travaille.	―わたしもバイトしてるよ。
– **Moi, je** ne travaille pas.	―わたしはバイトしてないよ。
C : Est-ce que <u>vous habitez à Paris</u> ?	パリにお住まいですか？
D : Non, je n'habite pas à Paris. <u>Et vous</u> ?	いえ、パリには住んでいません。あなたは？
C : – **Moi non plus,** je **n**'habite **pas** à Paris.	―わたしもパリには住んでいません。
– **Moi, j**'habite à Paris.	―わたしはパリに住んでいます。

1 下の活用表を完成させましょう。また音源を聞き、アンシェヌマンやリエゾンの個所をマークしましょう。*Complétez* 🔊 43 *le tableau en conjuguant les verbes. Corrigez puis écoutez et écrivez les marques des liaisons et des enchaînements.*

① parler 話す	② parler の否定形	③ étudier 勉強する	④ étudier の否定形
je parle	je ne parle pas	j'	je
tu	tu	tu	tu
il	il	il	il
nous	nous	nous	nous
vous	vous	vous	vous
ils	ils	ils	ils

2 例にならって、パートナーに質問しましょう。*Posez les 4 questions proposées à votre partenaire comme dans l'exemple.*

Ex *A* : Est-ce que tu habites à Saitama ?

  B : Non, je n'habite pas à Saitama. Et toi ?

  A : Moi, j'habite à Saitama.

1. Est-ce que tu habites à Kanagawa ?   2. Est-ce que tu travailles ?
3. Est-ce que tu parles chinois* ?   4. Est-ce que tu étudies à Osaka ?

* parler chinois「中国語を話す」。言語については次ページ参照。Pour les langues : voir p.20.

3 例にならって、パートナーのことを紹介してください。*Présentez votre partenaire comme dans l'exemple.*

Ex Mari n'habite pas à Kanagawa. Elle travaille. Elle ne parle pas chinois. Elle n'étudie pas à Osaka.

否定疑問形でたずね、それに答える *poser des questions négatives, y répondre*　(44)

Modèle 2

A : Tu **ne** parles **pas** <u>chinois</u> ? 　　　　　　　中国語話せないの？

B : **Si**, je parle <u>chinois</u>. Et toi ? 　　　　　　いや、中国語話せるよ。きみは？

A : – **Moi aussi**, je parle <u>chinois</u>. 　　　　　　－わたしも、中国語話せるよ。

　　　– **Moi, je** ne parle pas <u>chinois</u>. 　　　　　－わたしは、中国語話せないの。

　　　Je parle <u>japonais</u> et <u>anglais</u>. 　　　　　　日本語と英語が話せるの。

C : Vous **n'**étudiez **pas** <u>le chinois</u> ? 　　　　　あなたは中国語を勉強していませんか？

D : **Non**, je n'étudie pas <u>le chinois</u>. Et vous ? 　はい、中国語は勉強していません。あなたは？

C : – **Moi non plus**, je **n'**étudie **pas** <u>le chinois</u>. 　－わたしも中国語は勉強していません。

　　　J'étudie <u>le français</u>. 　　　　　　　　　　フランス語を勉強しています。

　　　– **Moi, j'**étudie <u>le chinois</u> . 　　　　　　－わたしは、中国語を勉強しています。

🔺 Oui. / Non. / Si.　　　　　　　　　　　　　　　　　　　　　　　　(45)

　　［肯定疑問］ Tu parles coréen ?　　　　　［否定疑問］ Tu **ne** parles **pas** coréen ?
　　　　　　　　 – Oui, je parle coréen.　　　　　　　　　　　– **Si**, je parle coréen.
　　　　　　　　 – Non, je ne parle pas coréen.　　　　　　 – Non, je ne parle pas coréen.

1 何語を指すのか、訳を書いて表を完成させ、発音練習もしましょう。*Complétez le tableau en écrivant la traduction* (46)
japonaise. Corrigez puis écoutez et répétez le vocabulaire.

1. le japonais	日本語	2. le français	
3. l'anglais		4. le chinois	
5. le coréen		6. l'espagnol	

＊「○○語」はすべて男性名詞。

＊「○○語を話す」は parler ＋言語名。ただし「○○語を勉強する」は étudier ＋ 定冠詞 le ＋言語名。定冠詞は→L.3

ÉLISION le は母音の前では l' になります。

2 アヤカについて書かれた下の表を見て、アヤカに代わって答えましょう。次に同じ質問をパートナーにしてみましょう。
Regardez les informations sur Ayaka et répondez aux questions en vous mettant à sa place. Puis posez les mêmes questions à votre partenaire.

Prénom 名	Ayaka	Université 大学	Kyoto
Nationalité 国籍	japonaise	Langues parlées 話す言葉	japonais et anglais
Profession 職業	étudiante	Langues étudiées 勉強している言葉	l'anglais et le français
Ville 町	Nara	Travail ? アルバイトは？	oui

　1. Vous n'êtes pas japonais(e) ?　　　　2. Est-ce que vous êtes étudiant(e) ?

　3. Vous n'habitez pas à Tokyo ?　　　　4. Vous étudiez à Osaka ?

　5. Vous ne parlez pas coréen ?　　　　　6. Vous n'étudiez pas le français ?

　7. Est-ce que vous travaillez ?　　　　　8. Vous ne travaillez pas ?

DIALOGUE

音源を聞いて文を完成させましょう。答え合わせの後、練習してみましょう。(和訳→ p.87)
Écoutez le dialogue et complétez les phrases. Puis corrigez et répétez. 🎧 47

Chris : Est-ce que _____ français ?

Miho : Oui, _____ un peu* français. _____ le français et l'anglais. _____ japonais ?

Chris : _____, je ne parle pas japonais. Et _____ à Tokyo ?

Miho : Non, _____ à Tokyo. J'étudie à Yokohama.

Chris : _____ à Tokyo, alors**?

Miho : _____, j'habite à Tokyo. Et toi ?

Chris : _____, j'habite à Tokyo. Au fait***, est-ce que _____ ?

Miho : _____, je travaille. Et toi ?

Chris : _____, je ne travaille pas.

Miho : Ah bon !

*un peu「少し」
**alors「では」「じゃあ」
***au fait「ところで」

COMPRÉHENSION ORALE

本間氏とフォー夫人の会話を聞き、正しい答えに✓をつけましょう。
Écoutez le dialogue et cochez la bonne réponse. 🎧 48

	VRAI	FAUX
1. Madame Faux parle très bien* anglais.		✓
2. Monsieur Homma étudie l'anglais.		
3. Il ne parle pas anglais.		
4. Il étudie le français à Osaka.		
5. Il habite à Kobe mais** il travaille à Osaka.		
6. Madame Faux n'habite pas à Kobe.		

*très bien「とてもうまく」
** mais「しかし」

PRONONCIATION

音源を聞いて発音しましょう。*Écoutez et répétez.* 🎧 49

	[e]	無音	[e]		
1	parl**er**	tu parl**es**	vous parl**ez**	話す	
2	chant**er**	il chant**e**	vous chant**ez**	歌う	→ chanter
3	déjeun**er**	elles déjeun**ent**	vous déjeun**ez**	昼食をとる	→ déjeuner
4	dîn**er**	je dîn**e**	vous dîn**ez**	夕食をとる	→ dîner

	élision	liaison	enchaînement		
5	**j'**étudie	ils‿étudient	elle étudie	勉強する	
6	**j'**aime	nous‿aimons	il aime	好き	→ aimer
7	**j'**adore	elles‿adorent	elle adore	大好き	→ adorer

vingt et un 21

LEÇON 3

Tu aimes le sport ?
スポーツは好き？

> Tu aimes le sport ?
>
> Oui, j'aime beaucoup ça. Et toi ?
>
> Moi, je n'aime pas ça.

> Vous aimez le sport ?
>
> Non, je déteste ça. C'est fatigant.
> Je préfère la musique.

---

❶ 名詞と定冠詞 **le** / **la** / **les** *le nom et l'article défini*　🎧51

	男性　masculin (m)	女性　féminin (f)
単数 singulier (s)	**le** sport　スポーツ	**la** musique　音楽
複数 pluriel (pl)	**les** musées　美術館	**les** vacances　休暇

> **ÉLISION** le と la は、母音の前で l' になります。l'histoire (×la histoire)「歴史、物語」

❷ 「好き」「きらい」のさまざまな表現 *l'expression du goût*　🎧52

aimer（**adorer** / **préférer** / **détester**）　＋　定冠詞＋名詞　（可算名詞の場合、名詞は複数形に）

J'adore le sport.	スポーツが大好きです。
Je préfère la musique.	音楽の方が好きです。
Je déteste les maths.	数学がきらいです。

Vous aimez le sport ?		スポーツは好きですか？
☺☺☺	Oui, j'adore ça.	はい、（それが）大好きです。
☺☺	Oui, j'aime beaucoup ça.	はい、（それが）とても好きです。
☺	Oui, j'aime ça.	はい、（それが）好きです。
☺	Oui, j'aime bien ça.	はい、（それが）好きです。
☹	Non, je n'aime pas beaucoup ça.	いいえ、（それは）あまり好きではありません。
☹☹	Non, je n'aime pas ça.	いいえ、（それは）好きではありません。
☹☹☹	Non, je déteste ça.	いいえ、（それは）きらいです。

❸ **préférer** の活用 *le verbe «préférer»*

préférer　〜をより好む　🎧53

je	préf**è**re	nous	préférons
tu	préf**è**res	vous	préférez
il elle	préf**è**re	ils elles	préf**è**rent

aimer　〜が好き（-er 動詞の復習）　🎧54

j'	aime	nous	aimons
tu	aimes	vous	aimez
il elle	aime	ils elles	aiment

「〜が好き？」とたずね、それにニュアンスをつけて答える *interroger sur les goûts, répondre en nuançant* 🔊55

Modèle 1

A : Tu aimes le football ?   サッカーは好き？

B : **Oui, j'adore ça !**   うん、大好き！

A : Ah bon ! Et tu aimes la musique classique ?   ああ、そう！じゃあ、クラシック音楽は？

B : **Non, je n'aime pas beaucoup ça.**   いや、あんまり好きじゃない。

1 それぞれの名詞の前に定冠詞を書き込み、表を完成させましょう。それから音源を聞き、答え合わせをしましょう。🔊56
また、発音練習もしてみましょう。*Complétez le tableau en écrivant un article défini devant les noms. Puis écoutez, corrigez et répétez le vocabulaire.*

1. le football (m)   2. ___ rugby (m)   3. ___ natation (f)   4. ___ montagne (f)

5. la musique (f)   6. ___ opéra (m)   7. ___ théâtre (m)   8. ___ musées (m, pl)

9. ___ cinéma (m)   10. ___ lecture (f)   11. ___ shopping (m)   12. ___ maths (f, pl)

13. ___ vacances (f, pl)   14. ___ café (m)   15. ___ viande (f)   16. ___ anglais (m)

2 例にならって、パートナーに質問しましょう。
Interrogez votre partenaire comme dans l'exemple.

Ex *Nao* : Tu aimes l'opéra ?

Ken : Non, je n'aime pas beaucoup ça. / Oui, j'aime bien ça.

Nao : Ah bon ! Et tu aimes le cinéma ?

Nao : Oui, j'adore ça. / Non, je n'aime pas ça.

3 例にならって、パートナーを紹介しましょう。*Présentez votre partenaire comme dans l'exemple.*

Ex Yuri n'aime pas beaucoup l'opéra. Elle adore le cinéma.

形容詞を使ってコメントする *expliquer ses goûts en utilisant des adjectifs* (57▸)

Modèle 2

A : Vous aimez la danse ?　　　　　　　　　　　ダンスは好きですか？

B : – Oui, j'adore ça. **C'est** <u>super</u> !　　　　　－はい、大好きです。最高です！

　　 – Non, je n'aime pas beaucoup ça.　　　　　－いいえ、あまり好きではありません。

　　　Ce n'est pas <u>intéressant</u>.　　　　　　おもしろくありません。

▲ C'est + 形容詞. / Ce n'est pas + 形容詞. ／形容詞はつねに男性形 (58▸)

J'aime	le basketball. la danse. l'aïkido. les maths.	**C'est** intéressant.	バスケ ダンス 合気道 数学

が好きです。（それは）おもしろいです。

これは便利な表現ですが、人に対しては使えません。

cf. Paul est intéressant ?　　　　　　　　　ポールっておもしろい？

　 - Oui, il est intéressant. (× Oui, c'est intéressant.)　－うん、おもしろいよ。

1 形容詞の意味を書き入れ、表を完成させましょう。音源を聞いて、発音練習もしましょう。*Complétez le tableau en* (59▸)
écrivant la traduction japonaise. Corrigez puis écoutez et répétez.

	形容詞	和訳 **japonais**		形容詞	和訳 **japonais**
1	facile	簡単な	2	difficile	難しい
3	intéressant	興味深い、おもしろい	4	ennuyeux	
5	reposant		6	fatigant	
7	bon		8	pratique	
9	agréable		10	beau	
11	super		12	nul	
13	amusant		14	stressant	
15	bon pour la santé		16	cher	

2 例にならって、パートナーの質問に対し、形容詞表現などを使って答えましょう。
Interrogez votre partenaire comme dans l'exemple et expliquez vos goûts en utilisant des adjectifs.

Ex *A* : Tu aimes <u>le cinéma</u> ?

　　 B : — Oui, j'aime bien ça. **C'est** <u>amusant</u> !

　　　　— Oui, j'adore ça. **C'est** <u>intéressant</u> **mais je préfère** la lecture.

　　　　— Non, je n'aime pas beaucoup ça. **C'est** <u>cher</u>. **Je préfère** la musique.

音源を聞いて文を完成させましょう。答え合わせの後、練習してみましょう。（和訳→ p.87）
Écoutez et complétez les phrases. Puis corrigez et répétez. 🎧 60

Jean : Léa,   le football ?

Léa : Oui,   ça. C'est   . Et toi ?

Jean :   ,   ça mais   le rugby.

Léa : Le rugby ? Moi,   ça ! C'est   .

      Au fait,   le cinéma ?

Jean : Oui, j'aime beaucoup   .   les films japonais mais

      les films américains. Ce n'est pas   .

Léa :   ,   ça !   les films français !

デュポン氏と橋本夫人の会話を聞き、正しい答えに✓をつけましょう。
Écoutez le dialogue et cochez la bonne réponse. 🎧 61

	VRAI	FAUX
1. Mme* Hashimoto adore les musées.		✓
2. M. Dupont aime bien les musées.		
3. Pour** Mme Hashimoto, le cinéma, c'est ennuyeux.		
4. M. Dupont n'aime pas beaucoup la musique classique.		
5. Pour M. Dupont, la musique classique, c'est beau.		
6. Mme Hashimoto déteste le rap.		

*Mme : Madame の略 / M. : Monsieur の略
**pour 〜「〜にとって」

音源を聞いて発音しましょう。*Écoutez et répétez.* 🎧 62

1 [ɑ̃]	2 [ɛ̃] / [œ̃]	3 [ɔ̃]
vac**an**ces	**in**téressant	natati**on**
vi**an**de	**im**portant	m**on**tagne
intéress**ant**	**un**	poiss**on**
comm**ent**	b**ien**	b**on**
ennuyeux	sy**m**pa	Dup**on**t

4 [j]	5 [o]
trava**ill**er	**au**ssi
fam**ill**e	b**eau**coup
ennuyeux	b**eau**

LEÇON 4

Tu déjeunes où ?
どこでお昼食べる？

(63)

> Tu déjeunes où ?
>
> Je déjeune au resto U. Et toi ?
>
> Moi aussi, je déjeune au resto U.

> Avec qui est-ce que vous habitez ?
>
> J'habite avec ma famille. Et vous ?
>
> Moi, j'habite seul.

---

❶ **3つの疑問の形** *les 3 types de question*

1)「はい / いいえ」で答えられる疑問文 *les questions fermées* (64)

① くだけた形　informel	② 標準的な形　standard	③ ていねいな形（倒置）formel
S(主語) **V**(動詞) 〜？	Est-ce que **S**(主語) **V**(動詞) 〜？	**V**(動詞) - **S**(主語) 〜？
Tu habites à Osaka ?	Est-ce que tu habites à Osaka ? Est-ce que vous habitez à Osaka ?	Habitez - vous à Osaka ?

2) 疑問詞を使った疑問文 *les questions ouvertes* (65)

S(主語) **V**(動詞) 〜 疑問詞 ？	疑問詞 est-ce que **S**(主語) **V**(動詞) 〜？	疑問詞 **V**(動詞) - **S**(主語) 〜？
Tu habites où ？	Où est-ce que tu habites ? Où est-ce que vous habitez ?	Où habitez - vous ？

・①の「くだけた形」は、tu と一緒に用いられます。ただし会話においては、vous と一緒にも用いられます。
　　ex. Vous travaillez où ?（どこで働いているのですか？）
・一般に会話においては、③の形が tu とともに用いられることはあまりありません。
・③の形では、主語が il / elle のどちらかで、動詞が −er 動詞の場合、次のような形になります。Habite-t-il à Osaka ?（彼は大阪に住んでいますか？）

❷ **疑問詞　où**「どこへ」「どこで」/ **d'où**「どこから」(d'=de) / **avec qui**「だれと（一緒に）」(66)

　　Tu déjeunes **où** ? Tu déjeunes **avec qui** ?　　　　どこで昼ご飯食べる？　だれと食べる？

　　Tu es **d'où** ?　　- Je suis de Kagoshima.　　　　出身はどこ？　ー鹿児島出身なの。

❸ **前置詞 à と定冠詞の縮約** *la préposition « à » et l'article contracté* (67)

au (à + le)	Je déjeune **au** resto U.	**à la**	Tu dînes **à la** maison.
à l'	Vous étudiez **à l'**université.	**aux (à + les)**	Il habite **aux** États-Unis.

❹ **不定冠詞 un / une / des** *l'article indéfini* (68)

	男性 (m)	女性 (f)
単数 (s)	**un** ami	**une** amie
複数 (pl)	**des** amis	**des** amies

26 *vingt-six*

Modèle 1

A : Tu travailles **où** ?　　　　　　　　　　　　　　どこでバイトしてるの？

B : Je travaille <u>dans une école</u>. Et toi ?　　　　学校 (塾) ではたらいてるよ。きみは？

A : Moi, je ne travaille pas.　　　　　　　　　　　わたしはバイトしてないよ。

C : **Avec qui** est-ce que vous habitez ?　　　　　だれと住んでいるんですか？

D : J'habite <u>avec ma famille</u>. Et vous ?　　　　家族と住んでいます。あなたは？

C : Moi aussi, j'habite <u>avec ma famille</u>.　　　　ぼくも家族と住んでいます。

1 例にならって、2通りの疑問文を書き込みましょう。*Écrivez les questions comme dans l'exemple.*

	① informel (tu を主語にして)	② standard (vous を主語にして)
Ex どこに住んでいる？	Tu habites où ?	Où est-ce que vous habitez ?
1. どこで働いている？		
2. だれと住んでいる？		
3. 出身はどこ？		
4. ふだん * どこで勉強している？		
5. ふだんどこで昼食をとる？		
6. ふだんだれと夕食をとる？		

*en général 「ふだん」

2 音源を聞いて以下の語彙を練習しましょう。その後、パートナーから1の質問 (「どこに住んでいる？」etc.) をしてもらい、練習した語彙を参考にして答えてみましょう。
Écoutez et répétez le vocabulaire. Puis posez les questions de l'activité précédente à votre partenaire. Aidez-vous si nécessaire du tableau ci-dessous. (70)

Où ? どこで？		
1	**J'habite** à Kobe / à Ikebukuro / près d'ici.	神戸に／池袋に／ここの近くに　**住んでいる。**
2	**Je travaille** dans un restaurant / dans une école / dans un magasin.	レストランで／学校 (塾) で／お店で　**働いている。**
3	**J'étudie** à la maison / à la bibliothèque / dans un café.	家で／図書館で／カフェで　**勉強する。**
4	**Je déjeune** dans une salle de classe / dans un parc / au resto U.	教室で／公園で／学食で　**昼食をとる。**

Avec qui ? だれと？		
5	**J'habite** seul(e) / avec ma famille.	一人で／家族と　**住んでいる。**
6	**Je dîne** avec un ami / avec une amie / avec des amis.	男友だちと／女友だちと／（何人かの）友だちと　**夕食をとる。**

質問の答えを展開させ、希望を言う *développer ses réponses, exprimer des souhaits* ⟨71⟩

Modèle 2

A : Où est-ce que vous travaillez ?　　　　　　　どこで働いているんですか？

B : – Je travaille <u>dans un café</u> **parce que** <u>c'est</u>　　　　－カフェで働いています、お給料がいい

　　　 <u>bien payé</u>.　　　　　　　　　　　　　　　　　　　からです。

　　 – Je ne travaille pas **mais j'aimerais** <u>travailler</u>.　　－働いてませんが、できれば働きたいです。

C : Tu habites avec qui ?　　　　　　　　　　　だれと住んでるの？

D : – J'habite <u>seul(e)</u> **parce que** <u>je suis d'Okinawa</u>.　　－ひとりで住んでるの、沖縄出身だから。

　　 – J'habite <u>avec ma famille</u> **mais j'aimerais**　　　　－家族と住んでるんだけど、ひとりで住

　　　 <u>habiter seul(e)</u> !　　　　　　　　　　　　　　　　みたいの！

▲ 答えを展開させるための表現　　　　　　　　　　　　　　　　　　　　⟨72⟩

　① **parce que ...** 「(なぜなら) ……だから」 (= 英 because)

　　 Je ne travaille pas <u>parce que</u> c'est fatigant.　　働いてません。だって疲れるから。

　② **mais ...** 「けれども……」 (=英 but)

　　 Je déjeune au resto U <u>mais</u> j'aimerais déjeuner à la maison.

　　　　　　　　　　　　　　　　　　　　学食で昼ごはんを食べますが、できれば家で食べたいです。

▲「できれば～したい」 (= 英 I would like to)　　　　　　　　　　　　　⟨73⟩

　J'aimerais + 動詞の原形 . 「できれば～したい」　J'aimerais travailler.　できれば働きたい。

　J'aime + 動詞の原形 . 「～するのが好きだ」　J'aime travailler.　働くのが好きです。

1 例にならって、展開のある文を 2 つ作りましょう (それぞれ違う展開のさせ方をすること)。
Écrivez 2 phrases comme dans les exemples. Utilisez des expressions différentes.

　Ex　En général, je dîne seul(e) **mais j'aimerais** dîner avec ma famille.

　Ex　J'habite à Tokyo **parce que** j'étudie à Tokyo.

　1. _____

　　 _____

　2. _____

2 もう 1 度，p.27 の 1 の質問をパートナーにしてもらい、展開のある答え方をしてみましょう。
Posez à nouveau les questions de l'activité 1 page 27 à votre partenaire. N'oubliez pas de développer vos réponses.

音源を聞いて文を完成させましょう。答え合わせの後、練習してみましょう。（和訳→ p.88）
Écoutez et complétez les phrases. Puis corrigez et répétez. (74)

Sophie : Jun, _____ tu habites ?

Jun : _____ à Chiba mais _____ près d'ici. Et toi ?

Sophie : _____ , _____ à Yokohama. Et tu habites _____ ?

Jun : J'habite _____ parce que _____ de Niigata.

Au fait, Sophie, tu travailles _____ ?

Sophie : _____ mais _____ dans une librairie*

parce que _____ la lecture.

Jun : Ah bon ! Moi aussi, j'adore _____ .

Et _____ tu déjeunes en général ?

Sophie : Je déjeune _____ ou** _____ .

Jun : _____ avec toi !

Sophie : Avec plaisir !***

*une librairie「本屋」
**ou「それとも、または」
***Avec plaisir!「喜んで！」

大木氏とプティ夫人の会話を聞き、正しい答えに✓をつけましょう。
Écoutez le dialogue et cochez la bonne réponse. (75)

	VRAI	FAUX
1. Mme Petit habite à Sendai.		
2. Pour Mme Petit, Sendai, c'est beau et agréable.		
3. M. Ooki travaille dans un musée.		
4. M. Ooki adore les musées.		
5. Mme Petit travaille dans un magasin. Ce n'est pas intéressant.		

音源を聞いて、リエゾンやアンシェヌマンに注意して発音しましょう。*Écoutez et répétez.* (76)

1	vous êtes	2	vous habitez	3	vous aimez
4	dans un café	5	avec des amis	6	J'habite à Tokyo.
7	Je travaille à Kobe.	8	dans une école	9	avec un ami

	無音	無音	[e]	[e]
10	j'étudie	tu étudies	vous étudiez	j'aimerais étudier
11	je dîne	tu dînes	vous dînez	j'aimerais dîner
12	je déjeune	tu déjeunes	vous déjeunez	j'aimerais déjeuner

Tu as des frères et sœurs ?

兄弟姉妹はいる?

Tu as des frères et sœurs ?

Oui, j'ai une sœur et deux frères. Et toi ?

Moi, je suis fils unique.

Est-ce que vous avez une voiture ?

Non, je n'ai pas de voiture mais j'aimerais avoir une voiture.

❶ avoir の活用 *le verbe « avoir »*

avoir ～を持っている

j'	**ai**	nous	**avons**
tu	**as**	vous	**avez**
il	**a**	ils	**ont**

avoir の否定形

je	**n'ai pas**	nous	**n'avons pas**
tu	**n'as pas**	vous	**n'avez pas**
il	**n'a pas**	ils	**n'ont pas**

❷ 形容詞の性・数一致 *l'accord de l'adjectif*

	男性 **(m)**	女性 **(f)**
単数 (s)	un ami américain	une ami**e** américain**e**
複数 (pl)	des ami**s** américain**s**	des ami**es** américain**es**

形容詞は名詞の後ろに置くのが原則ですが、日常よく使う短い形容詞は、名詞の前に置きます。

grand(e) 大きい　　petit(e) 小さい　　bon(ne) よい

mauvais(e) わるい　　joli(e) きれいな　　etc.

un **grand** frère 兄　des **grands** frères 兄たち　une **petite** sœur 妹　des **petites** sœurs 妹たち

❸ avoir と否定の de *« avoir » et la négation « ne... pas... de... »*

J'ai **un** vélo.	→ Je n'ai pas **de** vélo.	自転車を持っていません。
J'ai **une** moto.	→ Je n'ai pas **de** moto.	バイクを持っていません。
J'ai **des** lunettes.	→ Je n'ai pas **de** lunettes.	メガネを持っていません。
J'ai **un** ordinateur.	→ Je n'ai pas **d'**ordinateur.	コンピュータを持っていません

ÉLISION de は、母音の前で **d'** となります。

cf. C'est **un** smartphone. → Ce n'est pas **un** smartphone. これはスマホではありません。

補語に付く不定冠詞は変化しません。

「〜を持っている／持っていない」を表現する *exprimer la possession* 🎧 82

Modèle 1

A : Tu as <u>des frères et sœurs</u> ?　　　　　兄弟姉妹はいる？

B : – Oui, j'ai <u>une petite sœur et un grand frère</u>.　　－うん、妹が1人、兄が1人いるよ。

　　 – Oui, j'ai <u>deux petits frères</u>.　　　　－うん、弟が2人いるよ。

　　 – Non, je suis fils (fille) unique **mais**　　－いや、ひとりっ子だよ。でもお兄さんが

　　 j'aimerais avoir un grand frère.　　　　ほしいよ。

C : Est-ce que vous avez <u>un chat</u> ?　　　　ネコを飼っていますか？

D : – Oui, j'ai <u>un chat</u>. / Oui, j'ai <u>deux chats</u>.　　－はい、1匹います。／はい、2匹います。

　　 – Non, je n'ai pas <u>de chat</u> **mais j'ai** <u>un chien</u>.　　－いいえ、ネコは飼っていません。でもイヌ

　　　　　　　　　　　　　　　　　　　　　　　が一匹います。

1 音源を聞いて、リエゾンやアンシェヌマンの個所をマークしましょう。*Écoutez et écrivez les marques des liaisons et* 🎧 83
des enchaînements.

un ordinateur	deux ordinateurs	trois ordinateurs	quatre ordinateurs	cinq ordinateurs
une amie	deux amies	trois amies	quatre amies	cinq amies

2 表の中に不定冠詞を書き入れ、音源を聞き答え合わせしましょう。また例にならってパートナーに質問しましょう。答え 🎧 84
はなるべく展開させましょう。*Complétez le tableau avec des articles indéfinis. Puis, interrogez votre partenaire comme
dans l'exemple. N'oubliez pas de développer vos réponses.*

1.　　 frères et sœurs (pl)　　2.　　 amis français (pl)　　3.　　 chien　(m)

4.　　 voiture (f)　　5.　　 vélo　(m)　　6.　　 dictionnaire électronique (m)

7.　　 tablette (f)　　8.　　 liseuse (f)　　9.　　 ordinateur portable (m)

Ex *A* : Tu as **une** tablette ?

　　 B : Non, je n'ai pas **de** tablette mais j'aimerais avoir **une** tablette. Et toi ?

　　 A : Moi, j'ai **une** tablette. C'est pratique !

年齢や学年をたずね、それに答える *demander et dire l'âge et l'année d'études* 🎧85

Modèle 2

A : **Tu as quel âge ?**　　　　　　　　　　何歳？

B : J'ai <u>dix-neuf</u> ans. Et toi ?　　　　　19歳だよ。きみは？

A : Moi, j'ai <u>dix-huit</u> ans.　　　　　　わたしは18歳だよ。

C : **Vous êtes en quelle année ?**　　　　何年生ですか？

D : Je suis en <u>première</u> année. Et vous ?　1年生です。あなたは？

C : Moi, je suis en <u>deuxième</u> année.　　わたしは2年生です。

▲ 疑問詞 quel, quelle, quels, quelles 「どんな、どの」　　　　　　　　🎧86

	m.	f.
s.	quel	quel**le**
pl.	quel**s**	quel**les**

Vous avez **quel** <u>âge</u> ?　　何歳ですか？

Tu es en **quelle** <u>année</u> ?　何年生なの？

▲ 数字 11 〜 25 *les nombres de 11 à 25*　→数字の0〜10は p.12 🎧16　　　🎧87

11 onze	12 douze	13 treize	14 quatorze	15 quinze
16 seize	17 dix-sept	18 dix-huit	19 dix-neuf	20 vingt
21 vingt et un	22 vingt-deux	23 vingt-trois	24 vingt-quatre	25 vingt-cinq

LIAISON J'ai dix-huit ans / dix-neuf ans [v] / vingt ans / vingt et un ans.

▲ 序数 *les nombres ordinaux* ／〈基数 + ième〉が原則　　　　　　　🎧88

1er / 1ère	2ème	3ème	4ème	5ème
premier / première	deux**ième**	trois**ième**	quatr**ième**	cinqu**ième**

Je suis en **première** année (de lycée).　　（高校）1年生です。

Je suis en **deuxième** année (d'université).　（大学）2年生です。

1 例にならって、3人に質問し、表を完成させましょう。*Interrogez 3 personnes et complétez le tableau comme dans l'exemple.*

Ex *A* : Salut ! Tu t'appelles comment ?　→　*B* : Je m'appelle <u>Kei</u>.

　　 A : Tu as quel âge ?　　　　　　　→　*B* : J'ai <u>dix-huit</u> ans.

　　 A : Tu es en quelle année ?　　　　→　*B* : Je suis en <u>première</u> année.

	prénom 名前	âge 歳	année 学年		prénom 名前	âge 歳	année 学年
Ex	Kei	18 ans	1ère année	2.			
1.				3.			

DIALOGUE

音源を聞いて文を完成させましょう。答え合わせの後、練習してみましょう。（和訳→ p.88）
Écoutez et complétez les phrases. Puis corrigez et répétez.
（89）

Nami : Louis, _____ quel âge ?

Louis : J'ai _____ ans. Et toi ?

Nami : Moi, j'ai _____ ans. Et _____ en quelle année ?

Louis : Je suis en _____ année. _____ en première année ?

Nami : _____ , je suis en première année. Au fait, tu as _____ ?

Louis : Oui, j'ai une _____ sœur.

Nami : Elle a quel âge ?

Louis : Elle a _____ ans et elle est _____ .

Nami : Moi, je suis _____ unique mais j'ai _____ chiens.

Louis : Tu as de la chance !* Moi, je n'ai pas _____ chiens parce que _____ dans un appartement**.

*Tu as de la chance !「いいな！」
**un appartement「マンション」

COMPRÉHENSION ORALE

丹羽夫人とデュジャルダン氏の会話を聞き、正しい答えに✓をつけましょう。
Écoutez le dialogue et cochez la bonne réponse.
（90）

	VRAI	FAUX	ON NE SAIT PAS
1. M. Dujardin a des enfants*.			
2. M. Dujardin aime beaucoup les enfants.			
3. Mme Niwa a deux enfants.			
4. Elle a aussi** un chien et un chat.			
5. M. Dujardin a un chat.			
6. M. Dujardin n'a pas de moto.			

* un enfant「子ども」 **aussi「〜も」

PRONONCIATION

音源を聞いて発音しましょう。*Écoutez et répétez.*
（91）

1 [ø]/[œ]	2 [u]	3 [y]
sœur	bonjour	tu
deux	vous	université
je déjeune	beaucoup	voiture
liseuse	pour	une
ordinateur	douze	rugby

LEÇON 6 Ton père, il s'appelle comment ?
きみのお父さんはなんていう名前？

(92)

Ton père, il s'appelle comment ?

Il s'appelle Yusuke.

Il fait quoi dans la vie ?

Il est enseignant.

Votre grande sœur, elle est comment ?

Elle est désordonnée mais amusante.

❶ 所有形容詞 *l'adjectif possessif*   (93)

	男性単数 (m.s.)	女性単数 (f.s.)	男女複数 (pl.)	
わたしの	**mon**	**ma (mon)**	**mes**	**mon** frère / **ma** sœur わたしの兄弟　　わたしの姉妹
きみの	**ton**	**ta (ton)**	**tes**	**ton** père / **ta** mère きみの父　　きみの母
彼の / 彼女の	**son**	**sa (son)**	**ses**	**son** oncle / **sa** tante 彼 / 彼女のおじ　彼 / 彼女のおば
わたしたちの	**notre**		**nos**	**notre** fils / **nos** fils わたしたちの息子　わたしたちの息子たち
あなた(たち)の	**votre**		**vos**	**votre** fille / **vos** filles あなた（たち）の娘　あなた（たち）の娘たち
彼らの / 彼女らの	**leur**		**leurs**	**leur** enfant / **leurs** enfants 彼ら / 彼女らの子　彼ら / 彼女らの子たち

mon ami（= mon petit ami）/ <u>mon</u> amie（= ma petite amie）は「恋人」　cf. un ami / une amie「一人の友だち」

❷ **s'appeler** と **faire** の活用 *les verbes « s'appeler » et « faire »*

s'appeler 〜という名前である (94)			
je	m'appelle	nous	nous appelons
tu	t'appelles	vous	vous appelez
il	s'appelle	ils	s'appellent

faire 〜する (95)			
je	**fais**	nous	**faisons** [fəzɔ̃]
tu	**fais**	vous	**faites**
il	**fait**	ils	**font**

❸ 疑問詞　**comment, quoi / qu'est-ce que / que**   (96)

1) comment「どのように」「どんな感じ」(= 英 how)

　　Ton frère, il est **comment** ?　- Il est bavard.　　　きみの兄弟、どんな感じ？ ―おしゃべりです。

2) quoi / qu'est-ce que / que「なにを」(= 英 what)

(ELISION) Qu'est-ce qu'il fait dans la vie ? / Qu'est-ce qu'elle fait dans la vie ?

家族の名前や身分・職業をたずね、それに答える *interroger sur un membre de la famille* 🔊97

Modèle 1

A : Tu as des frères et sœurs ?　　　　　　　　　　　兄弟姉妹はいる？

B : Oui, j'ai <u>une petite sœur</u>.　　　　　　　　　　うん、妹がひとり。

A : <u>Ta petite sœur</u>, **elle s'appelle comment ?**　　きみの妹はなんていう名前？

B : Elle s'appelle <u>Akie</u>.　　　　　　　　　　　　アキエだよ。

A : **Elle a quel âge ?**　　　　　　　　　　　　　何歳？

B : Elle a <u>douze</u> ans.　　　　　　　　　　　　　12歳。

A : **Qu'est-ce qu'elle fait dans la vie ?**　　　　　何してるの？

B : Elle est <u>collégienne</u>.　　　　　　　　　　　中学生だよ。

▲ **数字 26 〜 69** *les nombres de 26 à 69*　　　　　　　　　　　　　　　🔊98

26 vingt-six	27 vingt-sept	28 vingt-huit	29 vingt-neuf	30 trente
31 trente et un	32 trente-deux	[...]	39 trente-neuf	40 quarante
41 quarante et un	42 quarante-deux	[...]	49 quarante-neuf	50 cinquante
51 cinquante et un	52 cinquante-deux	[...]	59 cinquante-neuf	60 soixante
61 soixante et un	62 soixante-deux	[...]	69 soixante-neuf	

1 表を完成させ、音源を聞いて身分・職業に関する語彙を練習しましょう。その後、例にならってパートナーの家族に 🔊99
ついて質問し、答えてみましょう。*Complétez le tableau, écoutez et répétez le vocabulaire. Puis posez des questions
à votre partenaire sur les membres de sa famille comme dans le Modèle 1 (nom, âge, profession).*

職業 les professions		和訳 japonais
1. Il est à l'école primaire.	Elle est à l'école primaire.	小学生（小学校にいる）
2. Il est collégien.	Elle est collégien**ne**.	
3. Il est lycéen.	Elle est lycéen**ne**.	
4. Il est étudiant.	Elle est étudian**te**.	
5. Il est employé de bureau.	Elle est employé**e** de bureau.	勤め人、会社員、オフィスワーカー
6. Il est homme au foyer.	Elle est femme au foyer.	主夫 / 主婦
7. Il (Elle) travaille à temps partiel.		パートタイムで働いている

2 あなたの家族について、以下の例にならって書いてみましょう（ある有名な家族の7年後を想定しています）。
Présentez votre famille comme dans l'exemple.

Ex　Mon père s'appelle Namihei. Il a 61 ans. Il est employé de bureau. Ma mère
s'appelle Fune. Elle a 57 ans. Elle est femme au foyer. Ma grande sœur s'appelle Sazae.
Elle a 31ans. Elle travaille à temps partiel. Ma petite sœur s'appelle Wakame. Elle a 16
ans. Elle est lycéenne. Et moi, je m'appelle Katsuo. J'ai 18 ans. Je suis étudiant et je suis
en première année !

人について好き／きらいを言い、その人がどんな風か言う *donner son avis sur une personne, décrire quelqu'un* 〔101〕

Modèle 2

A : **Tu aimes bien** <u>ta grande sœur</u> ? 　　　お姉さんのことは好き？

B : Non, je **la** déteste ! 　　　いや、彼女のことは大きらい！

A : **Elle est comment ?** 　　　彼女はどんな感じ？

B : Elle est <u>bruyante</u> et <u>énervante</u> ! 　　　うるさくて、いらいらさせる！

▲「彼 / 彼女 / 彼ら / 彼女ら」について好き / きらいを言う *dire si on aime ou n'aime pas quelqu'un* 〔102〕

Tu aimes bien **ton frère** ? 　→ — Oui, je **l'**adore ! 　　— Non, je **le** déteste !

Tu aimes bien **ta sœur** ? 　→ — Oui, je **l'**aime bien. 　　— Non, je **la** déteste !

Tu aimes bien **tes frères** ? 　→ — Oui, je **les** aime beaucoup. 　— Non, je ne **les** aime pas.

Tu aimes bien **tes sœurs** ? 　→ — Oui, je **les** adore ! 　　— Non, je ne **les** aime pas.

cf. Tu aimes **le** sport ? — Oui, j'aime bien **ça**.

　　直接目的語が「一般的なもの」を指している場合は ça を使います (→ L.3.「直接目的代名詞」については、L.10)。

1 表を完成させましょう。音源を聞いて、発音練習もしましょう。*Complétez le tableau, puis écoutez et répétez.* 〔103〕

	masculin	féminin	japonais
1	sympa		感じがいい
3	gentil		
5	beau		
7	sérieux		
9	cultivé		
11	bavard		
13	désordonné		

	masculin	féminin	japonais
2	amusant		おもしろい
4	intelligent		
6	mignon		
8	dynamique		
10	timide		
12	énervant		
14	bruyant		

2 例にならって、パートナーに質問しましょう。*Interrogez votre partenaire comme dans les exemples.*

Ex 1 　A : Tu as des frères et sœurs ?

　　　B : Oui, j'ai <u>un petit frère</u>.

　　　A : Tu aimes bien <u>ton petit frère</u> ?

　　　B : Oui, je **l'**aime beaucoup.

　　　A : Ah bon ! Il est comment ?

　　　B : Il est <u>amusant</u> et <u>bavard</u>.

Ex 2 　A : Tu as des frères et sœurs ?

　　　B : Non, je suis fils unique.

　　　A : Tu aimes bien <u>tes parents</u> ?

　　　B : Oui, je **les** adore !

　　　A : Ils sont comment ?

　　　B : Mon père est <u>sympa</u> et ma mère est <u>cultivée</u>.

░░ DIALOGUE

音源を聞いて文を完成させましょう。答え合わせの後、練習してみましょう。(和訳→ p.88)
Écoutez et complétez les phrases. Puis corrigez et répétez. 🎧104

Théo : Aya, _____ des frères et sœurs ?

Aya : Non, _____ fille unique. Et toi ?

Théo : Moi, j'ai _____ grand frère.

Aya : Ah bon ! _____ grand frère, il s'appelle _____ ?

Théo : _____ Alex.

Aya : Il a _____ ?

Théo : Il a _____ ans.

Aya : Et il fait quoi dans la vie ?

Théo : _____ dans une entreprise* _____ . Je _____ adore !

Aya : Il est _____ ?

Théo : Il est _____ , _____ et _____ .

Aya : Ah bon ! J'aimerais rencontrer** _____ grand frère !

*une entreprise「企業」
**rencontrer「会う」

░░ COMPRÉHENSION ORALE

フォンテーヌ夫人と小泉氏の会話を聞き、正しい答えに✓をつけましょう。
Écoutez le dialogue et cochez la bonne réponse. 🎧105

	VRAI	FAUX	ON NE SAIT PAS
1. M. Koizumi a un grand frère.			
2. Il ne l'aime pas beaucoup.			
3. Son père a 64 ans et sa mère a 58 ans.			
4. Son père travaille dans une entreprise japonaise.			
5. Sa mère est bavarde et dynamique.			
6. Mᵐᵉ Fontaine a aussi un grand frère.			

░░ PRONONCIATION

音源を聞いて発音しましょう。*Écoutez et répétez.*

1 [ɛ]	2 [k]	3 [ɲ]	4 [ʃ]
fr**ai**s	**qu**'est-ce **qu**e	monta**gn**e	**ch**ien
m**ai**son	**qu**i	mi**gn**on	**ch**at
tr**ei**ze	**qu**atre	espa**gn**ol	**ch**inois
s**ei**ze	**qu**atorze		**Ch**anel
je ne s**ai**s pas	**qu**inze		**ch**ez
je f**ai**s	cin**qu**ante		
vous f**ai**tes	uni**qu**e		

LEÇON 7 Tu fais du sport ?

スポーツはする?

🔊107

> **Tu fais du sport ?**
>
> Oui, je fais du tennis. Et toi ?
>
> Moi, je ne fais pas de sport.

> Vous faites quoi en général le soir ?
>
> Je sors, je vois des amis, je rentre à la maison, je lis et je dors.

❶ faire で表すさまざまな活動（スポーツ、楽器） *les activités* 🔊108

1）スポーツ *le sport*

faire du + スポーツ (m. s.)   **faire de la** + スポーツ (f. s.)

Je fais **du** vélo / **de la** natation / **de l'**athlétisme. わたしはサイクリング / 水泳 / 陸上競技をしています。

2）楽器 *les instruments*

faire du + 楽器 (m. s.)   **faire de la** + 楽器 (f. s.)

Je fais **du** piano / **de la** guitare / **de l'**accordéon. わたしはピアノ / ギター / アコーディオンを弾きます。

du / de la / de l' は、「部分冠詞」と呼ばれます (→ L.8)。

❷ faire と否定の de *« faire » et la négation « ne... pas... de... »* 🔊109

Tu fais **du** tennis / **de la** crosse / **de l'**aïkido ? きみは テニス / ラクロス / 合気道 をやってるの？

- Non, je ne fais pas **de** tennis / **de** crosse / **d'**aïkido.

ーいや、テニス / ラクロス / 合気道 はやってない。

❸ sortir、dormir、voir、lire の活用 *les verbes « sortir », « dormir », « voir » et « lire »*

sortir 外出する 🔊110		dormir 眠る 🔊111		voir 見る、会う 🔊112		lire 読む 🔊113	
je	**sors**	je	**dors**	je	**vois**	je	**lis**
tu	**sors**	tu	**dors**	tu	**vois**	tu	**lis**
il	**sort**	il	**dort**	il	**voit**	il	**lit**
nous	**sortons**	nous	**dormons**	nous	**voyons**	nous	**lisons**
vous	**sortez**	vous	**dormez**	vous	**voyez**	vous	**lisez**
ils	**sortent**	ils	**dorment**	ils	**voient**	ils	**lisent**

さまざまな活動について話す *parler de ses activités* ⟨114⟩

Modèle 1

A : Tu fais <u>du sport</u> ?　　　　　　　　　　スポーツはする？

B : Oui, je fais <u>du jogging</u>. Et toi ?　　　　うん、ジョギングをするよ。きみは？

A : Moi, je ne fais pas <u>de sport</u>. Je suis dans　ぼくはスポーツはしないよ。

　　le club de* mangas.　　　　　　　　　　　マンガサークルに入ってるんだ。

C : Est-ce que vous faites <u>du sport</u> ?　　　　スポーツはしますか？

D : Non, je ne fais pas <u>de sport</u>. Et vous ?　　いいえ、スポーツはしません。あなたは？

C : Moi non plus, je ne fais pas <u>de sport</u>　　わたしもスポーツはしませんが、できれば

　　mais j'aimerais faire <u>du yoga</u> !　　　　　ヨガをやりたいです。

*je suis dans le club de ～「わたしは～サークルに入っている」

1 例にならい、1 ～ 6 を使って会話しましょう。その後、例以外の質問もしてみましょう。
Interrogez votre partenaire comme dans l'exemple. Quand vous avez fini, posez d'autres questions.

Ex 1 : Shohei Otani / athlétisme (m)

　　　A : Shohei Otani fait **de l'athlétisme** ?

　　　B : Non, il ne fait pas **d'athlétisme**. Il fait **du baseball**.

Ex 2 : les Nadeshiko Japon / danse (f)

　　　A : Les Nadeshiko Japon font **de la danse** ?

　　　B : Non, elles ne font pas **de danse**. Elles font **du football**.

1. Naomi Osaka / golf (m)　　　　　　2. Michael Leitch / basketball (m)

3. Usain Bolt / natation (f)　　　　　4. Rikako Ikee / athlétisme (m)

5. Les Hanshin Tigers / rugby (m)　　6. Rui Hachimura / danse (f)

2 モデル会話にならって、何人かの人に質問し、答えの内容を下の表に書き込みましょう。
Interrogez plusieurs personnes comme dans le Modèle 1. Puis, notez leurs réponses comme dans l'exemple.

Ex A : Tatsuya, tu fais du sport ?

　　B : – Oui, je fais du football **et j'aimerais** faire de la musculation.

　　　　– Non, je ne fais pas de sport **mais** je fais du piano.

Ex	Tatsuya fait du sport. Il fait du football et il aimerait faire de la musculation.
1	
2	
3	

Modèle 2

A : Tu fais quoi en général **le samedi ?**　　　　　ふだん、土曜日は何してる？

B : **Le matin**, je fais le ménage parce que　　　朝は、ひとり暮らしなので掃除をするよ。

　　　j'habite seul(e). **L'après-midi**, je fais du　　午後はテニスをする。晩は家にいるか、

　　　tennis. **Le soir**, je reste à la maison ou　　　友だちと外出するよ。

　　　je sors avec des amis.

▲ 否定の復習 *la négation (rappels)*　　　　　　　　　　　　　　　　　　(116)

Je regarde **la** télé.　　テレビを見ます。　　→　　Je ne regarde pas **la** télé.

Je fais **du** sport.　　スポーツをします。　　→　　Je ne fais pas **de** sport.

▲ 曜日 *les jours de la semaine*　　　　　　　　　　　　　　　　　　(117)

lundi	mardi	mercredi	jeudi	vendredi	samedi	dimanche	le matin	l'après-midi	le soir
月曜	火曜	水曜	木曜	金曜	土曜	日曜	午前	午後	晩

Je sors avec des amis **lundi**.　　　　　　　この（今度の）月曜に友だちと出かけます。

Je sors avec des amis **le lundi**.　　　　　　毎週月曜、友だちと出かけます。

　　　　　「曜日」は冠詞なしで使うと「この（今度の）〜曜日」を意味します。定冠詞を付けると「毎週〜曜日」になります。

1 例にならって、動詞を je で活用させましょう。答え合わせの後、音源を聞いて発音練習をしましょう。　　(118)
Conjuguez les verbes à la 1ère personne du singulier. Corrigez puis écoutez et répétez.

	和訳 *japonais*	Je...
1. **regarder** la télévision / des films	テレビ／映画 を見る	Je regarde...
2. **écouter** de la musique	音楽を聴く	
3. **surfer** sur Internet	ネットサーフィンする	
4. **rester** à la maison	家にいる	
5. **faire** les devoirs	宿題をする	
6. **faire** des jeux en ligne	オンラインゲームをする	
7. **faire** la cuisine / le ménage / les courses	料理 / 掃除 / 買い物 をする	
8. **faire** du shopping	ショッピングをする	
9. **lire** des romans / des mangas	小説 / マンガ を読む	
10. **sortir** avec des amis	友だちと出かける	
11. **dormir**	眠る	
12. **voir** des amis / son ami(e)	友だち/カレ(カノジョ)に会う	

2 Modèle 2 を参考に、パートナーに質問してみましょう。*Interrogez votre partenaire comme dans le Modèle 2.*

　　1. le samedi　　　　　　　2. le dimanche　　　　　　　3. le lundi

音源を聞いて文を完成させましょう。答え合わせの後、練習してみましょう。(和訳→ p.89)
Écoutez et complétez les phrases. Puis corrigez et répétez.　🔊 119

Tomoya : Chloé, tu fais _____ sport ?

Chloé : Oui, je fais _____ vélo le _____ matin. J'adore _____ ! Et toi ?

Tomoya : Moi, je ne fais pas _____ sport parce que je n'ai pas le temps* mais j'aimerais faire _____ natation.

Chloé : Alors, tu fais _____ en général le samedi ?

Tomoya : Je _____ toute la journée** !

Chloé : Oh là là !*** Et le _____ , qu'est-ce que tu fais _____ ?

Tomoya : Le matin, _____ . L'après-midi, _____ des amis ou _____ du shopping et le soir, _____ la télévision ou _____ des mangas.

Chloé : Moi, je _____ les devoirs le dimanche soir... Tu ne fais pas les devoirs ?

Tomoya : Si, si ! _____ le français !

*je n'ai pas le temps「時間がない」　**toute la journée「一日中」　***Oh là là !「おやおや」(驚き)

デュボワ氏と林夫人の会話を聞き、正しい答えに✓をつけましょう。
Écoutez le dialogue et cochez la bonne réponse.　🔊 120

	VRAI	FAUX	ON NE SAIT PAS
1. Mme Hayashi ne fait pas de sport parce qu'elle n'a pas le temps.			
2. M. Dubois fait du yoga le dimanche matin.			
3. Pour M. Dubois, le yoga, c'est bon pour la santé.			
4. Mme Hayashi aimerait faire de la danse.			
5. Le dimanche après-midi, elle sort avec ses enfants.			
6. Le dimanche, M. Dubois lit toute la journée.			

音源を聞いて発音しましょう。*Écoutez et répétez.*　🔊 121

1 [ə]	[e]	2 無音	3 [e]	4 [a]
de	des	vous êt**es**	aim**er**	la
le	les	vous fait**es**	regard**er**	madame
me	mes	nous somm**es**	écout**er**	parents
te	tes	tu aim**es**	vous aim**ez**	natation
ce	ces	tu regard**es**	vous regard**ez**	musculation
se	ses	tu écout**es**	vous écout**ez**	samedi

LEÇON 8 — Tu prends quoi en général le matin ?

ふだん朝は何食べる？

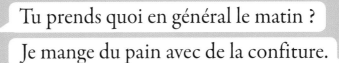

> Tu prends quoi en général le matin ?
>
> Je mange du pain avec de la confiture.

> Est-ce que vous aimez le poisson ?
>
> Oui, j'aime beaucoup ça.
>
> Vous mangez souvent du poisson ?
>
> Oui, j'en mange tous les jours !

❶ prendre, manger, boire の活用 *les verbes « prendre », « manger » et « boire »*

prendre とる（＝英 take）123		**manger** 食べる 124		**boire** 飲む 125	
je	**prends**	je	mange	je	**bois**
tu	**prends**	tu	manges	tu	**bois**
il	**prend**	il	mange	il	**boit**
nous	**prenons**	nous	mang**e**ons	nous	**buvons**
vous	**prenez**	vous	mangez	vous	**buvez**
ils	**prennent**	ils	mangent	ils	**boivent**

❷ 部分冠詞 du / de la *l'article partitif* 126

du + 名詞 (m)　　**de la** + 名詞 (f)

Je mange **du** pain.	わたしはパンを食べます。	→	Je ne mange pas **de** pain.
Je mange **de la** viande.	わたしは肉を食べます。	→	Je ne mange pas **de** viande.
Je bois **de l'**eau.	わたしは水を飲みます。	→	Je ne bois pas **d'**eau.

ÉLISION 母音で始まる名詞の前では（<u>男性名詞でも女性名詞でも</u>）**de l'** を使います。

❸ 部分冠詞と不定冠詞の使い分け *l'article partitif et l'article indéfini* 127

un poisson　　　　**des** poissons　　　　**du** poisson

une pizza　　　　**des** pizzas　　　　**de la** pizza

Modèle 1

食事について話す *parler de ses habitudes alimentaires* 🔊128

A : Le matin, tu manges du pain ou du riz ?　　　朝はパンを食べる、それともご飯？

B : Je mange du riz avec un œuf. Et toi ?　　　ご飯と卵をひとつ食べるよ。きみは？

A : Moi, je mange du pain avec de la confiture.　　　わたしはパンにジャムをつけて食べるよ。

C : Vous prenez quoi en général le matin ?　　　ふだん朝は何をとりますか？

D : Je mange des céréales et je bois du café.　　　シリアルを食べて、コーヒーを飲みます。
Et vous ?　　　あなたは？

C : Moi, je mange du riz avec de la soupe de miso　　　わたしはごはんにお味噌汁、そしてお茶を
et je bois du thé.　　　飲みます。

1　「わたしは〜を食べる / 飲む」という文を作ります。それぞれの名詞に、部分冠詞か不定冠詞、ふさわしいほうを付 🔊129
けましょう（複数形に注意）。答え合わせの後、音源を聞いて発音練習をしましょう。*Complétez le tableau avec un
article partitif ou indéfini. Corrigez et répétez le vocabulaire.*

Je mange… / Je bois…

1.　pain (m).　2.　beurre (m).　3.　confiture (f).　4.　sandwich (m).　5.　viennoiserie (f).

6.　riz (m).　7.　natto (m).　8.　tofu (m).　9.　céréales (f).　10.　soupe de miso (f).

11.　œuf (m).　12.　poisson (m).　13.　viande (f).　14.　nouilles (f).　15.　spaghettis (m).

16.　fruits (m).　17.　pomme (f).　18.　banane (f).　19.　légumes (m).　20.　yaourt (m).

21.　café (m).　22.　thé (m).　23.　lait (m).　24.　eau (f).　25.　alcool (m).

2　Modèle 1 を参考に、パートナーと以下の質問をしあいましょう。*Posez les questions ci-dessous à votre partenaire et
répondez comme dans le Modèle 1.*

Ex　1. Le matin, tu manges du pain ou du riz ?　2. Le matin, tu bois du thé ou du café ?

3. Le soir*, tu bois de l'eau ou de l'alcool ?　4. Tu prends quoi en général le matin ?

5. Tu prends quoi en général à midi**?　6. Tu bois de l'alcool le soir ?

*le soir : 晩に　** à midi : 正午に、お昼時に

ça と en を使い分ける／頻度を表現する *répondre en utilisant le pronom « ça » ou « en », exprimer la fréquence* ◖130◗

Modèle 2

A : Tu aimes la viande ?　肉は好き？

B : Oui, j'aime bien **ça** mais je préfère le poisson.　うん、好きだよ。でも魚の方が好き。

A : Et tu manges souvent de la viande ?　じゃあ、肉はよく食べる？

B : Oui, j'**en** mange parfois mais j'aimerais **en** manger tous les jours parce que c'est bon pour la santé !　うん、ときどき食べるけど、身体にいいから毎日食べたいところだよ。

▲ ça と en *les pronoms « ça » et « en »*／直接目的語を受ける代名詞 ◖131◗

ça：「一般的なもの／こと」を受ける 「好き」「きらい」の表現とともに（→ L.3）　　**en**：「不特定のもの」を受ける

Tu aimes **le poisson** ?　　　　　　　　Tu manges **du poisson** ?
- Oui, j'aime **ça**. (ça = le poisson)　　- Oui, j'**en** mange. (en = du poisson)
- Non, je n'aime pas **ça**. (ça = le poisson)　- Non, je n'**en** mange pas. (en = **de** poisson)

▲ ça と en の位置 *la place des pronoms « ça » et « en »* ◖132◗

ça：つねに動詞の後　　　J'adore **ça**.　　　　　Je n'aime pas beaucoup **ça**.
en：動詞が1つの場合　　J'**en** bois.　　　　　　Je n'**en** bois pas.
　　動詞が2つの場合　　J'aimerais **en** boire.

▲ 頻度の表現 *des expressions de fréquence* ◖133◗

+++++	tous les jours	毎日	J'en mange **tous les jours**.
+++	souvent	しょっちゅう	J'en mange **souvent**.
	une fois par semaine	週に1回	J'en bois **une fois par semaine**.
++	de temps en temps	ときどき	J'en mange **de temps en temps**.
+	parfois	ときおり	J'en bois **parfois**.
	une fois par mois	月に1回	J'en mange **une fois par mois**.
-	ne... pas souvent	あまり〜ない	Je n'en bois **pas souvent**.
- -	une fois par an	年に1回	J'en mange **une fois par an**.
x	ne... jamais	1度も〜ない	Je n'en bois **jamais**.

1 Modèle 2 を参考に、パートナーに飲食の好みと習慣（頻度）について質問しましょう。*Posez des questions à votre partenaire sur ses goûts et ses habitudes alimentaires comme dans le Modèle 2.*

1 　2 　3 　4 　5

音源を聞いて文を完成させましょう。答え合わせの後、練習してみましょう。（和訳→ p.89）　🎧 134

Écoutez et complétez les phrases. Puis corrigez et répétez.

Pierre : Tu aimes _____ poisson ?

Mikako : Oui, _____ mais je préfère _____ viande.

Pierre : Ah bon ! Et tu manges souvent _____ viande ?

Mikako : Oui, _____ de temps en temps mais _____ tous les jours ! Et toi, Pierre ?

Pierre : Moi, _____ parce que je préfère _____ poisson. Au fait, qu'est-ce que _____ le matin ?

Mikako : Je mange _____ riz avec _____ œuf, _____ natto et _____ soupe de miso et je bois _____ eau ou _____ thé. J'adore _____ natto ! Et toi ?

Pierre : Moi, je mange _____ pain avec _____ confiture et je bois _____ café mais en semaine*, je ne mange rien parce que je n'ai pas le temps.

*en semaine「週日は」

関根氏とラシーヌ夫人の会話を聞き、正しい答えに✓をつけましょう。　🎧 135

Écoutez le dialogue et cochez la bonne réponse.

	VRAI	FAUX	ON NE SAIT PAS
1. Mme Racine aime beaucoup le natto.			
2. Elle préfère le tofu.			
3. M. Sekine adore le tofu.			
4. Mme Racine mange du tofu tous les jours.			
5. Le matin, Mme Racine boit du thé.			
6. Le matin, M. Sekine mange des céréales.			

音源を聞いて発音しましょう。*Écoutez et répétez.*　🎧 136

1	[v]/[b]

du **v**in / un **b**ain

je **v**ois / je **b**ois

je **v**iens / j'aime **b**ien

vos parents / il est **b**eau

2	[p]/[b]

du **p**ain / un **b**ain

du **p**oisson / une **b**oisson

Pierre / de la **b**ière

un **p**ont / c'est **b**on

3	[s]/[z]

du poi**ss**on / du poi**s**on

un de**ss**ert / un dé**s**ert

dou**c**e / dou**z**e

il**s** **s**ont / il**s** **o**nt

4	[r]/[l]

du **r**iz / je **l**is

la me**r** / un mai**l**

Ma**r**ie / le Ma**l**i

rien / un **l**ien

5	無音

du ri**z**

souven**t**

un frui**t**

du th**é**

LEÇON 9

Où est-ce que tu vas le week-end ?

週末はどこへ行く？

137

> Où est-ce que tu vas le week-end ?

> Le samedi, je reste à la maison et le dimanche, je vais au travail.

> Comment est-ce que vous allez à la gare ?

> J'y vais à pied. Et vous ?

> Moi, j'y vais à vélo ou en bus.

---

❶ **aller** と **venir** の活用 *les verbes « aller » et « venir »*

aller 行く 138			
je	**vais**	nous	**allons**
tu	**vas**	vous	**allez**
il	**va**	ils	**vont**

venir 来る 139			
je	**viens**	nous	**venons**
tu	**viens**	vous	**venez**
il	**vient**	ils	**viennent**

---

❷ 場所を表す前置詞 *les prépositions « à », « de », « chez » et « dans »* 140

à	〜に / 〜へ / 〜で	J'habite **à** Kyoto.	わたしは京都に住んでいます。
de	〜から	Je vais **de** Tokyo **à** Osaka en bus.	わたしはバスで東京から大阪に行きます。
chez	〜の家に / 〜へ / 〜で	Je rentre **chez** mes parents.	両親の家（実家）に帰ります。
dans	〜の中に / 〜へ / 〜で	Je voyage **dans** le Japon.	わたしは日本国内を旅行します。

---

❸ 人称代名詞・強勢形 *le pronom tonique* 141

moi	わたし	**nous**	わたしたち
toi	きみ	**vous**	きみたち／あなた／あなたたち
lui / elle	彼／彼女	**eux / elles**	彼ら／彼女ら

---

❹ 前置詞 de と定冠詞の縮約 *la préposition « de » et l'article contracté* 142

du (de + le)	Il rentre **du** travail.	**de la**	Tu viens **de la** maison ?
de l'	Je viens **de l'**université.	**des (de + les)**	Elle rentre **des** États-Unis.

よく行く場所について話す *parler des lieux qu'on fréquente* 🎧143

Modèle 1

A : Où est-ce que tu vas en général le vendredi ?　　　　ふだん金曜はどこへ行く？

B : Le matin, je viens ici, l'après-midi, je vais au　　　朝はここに来て、午後はバイト（仕事）に行って、

　　travail et le soir, je vais à la piscine ou　　　　　　晩はプールか自動車教習所に行くよ。

　　à l'auto-école. Et toi ?　　　　　　　　　　　　　　きみは？

A : Moi, je reste à la maison parce que je fais　　　　　ぼくは家にいるよ。だって宿題をするから。

　　mes devoirs mais j'aimerais aller au karaoké !　　　でもカラオケに行きたいんだよね！

1 下線部に、à, au, à la, à l', chez, dans のなかの適当なものを書き入れ、また和訳もして、表を完成しましょう。
Complétez le tableau. Corrigez puis répétez le vocabulaire. 🎧144

Je vais…

1.	restaurant.	レストランに	2.	cinéma.	3.	travail.
4.	supermarché.		5.	étranger.	6.	auto-école.
7.	bibliothèque.		8.	piscine.	9.	mer.
10.	montagne.		11.	des amis.	12.	mes parents.

13. Je rentre	ma famille.	実家に帰る	14. Je voyage	le Japon.
15. Je reste	maison.		16. Je viens ici.	ここに来る

2 Modèle 1 にならって、ふだんよく行く場所についてパートナーにたずねてみましょう。
Interrogez votre partenaire sur les lieux fréquentés en général comme dans le Modèle 1.

1. le vendredi	2. le samedi	3. le dimanche	4. le lundi

▲ 月 *les mois de l'année* 🎧145

janvier	février	mars	avril	mai	juin
1月	2月	3月	4月	5月	6月
juillet	août	septembre	octobre	novembre	décembre
7月	8月	9月	10月	11月	12月

3 例にならって、休暇中よく行く場所について、パートナーにたずねましょう。
Interrogez votre partenaire sur les lieux fréquentés pendant les vacances.

Ex　A : Où est-ce que tu vas en général **pendant les vacances d'été** ?

　　B : **En août**, je rentre dans ma famille à Okinawa. **En septembre**, je voyage dans le
　　　Japon ou je vais chez mes grands-parents. Et toi ?

　　A : Moi, je reste à Tokyo parce que je travaille mais j'aimerais aller à l'étranger !

　　　1. pendant les vacances de Noël　　　2. pendant les vacances de printemps

Modèle 2

A : Comment est-ce que tu vas à la bibliothèque ? — 図書館にはどうやって行く？

B : J'y vais à vélo. Et toi ? — 自転車で（そこに）行くよ。きみは？

A : Moi, j'y vais à pied ou en bus. — ぼくは、歩きかバスで（そこに）行くよ。

C : Comment est-ce que vous venez ici ? — ここにはどうやって来ますか？

D : Je viens à pied. Et vous ? — 歩いてきます。あなたは？

C : Moi, je viens en train, en métro et à pied mais j'aimerais venir en voiture ! — わたしは電車と地下鉄と歩きですが、車で来たいです！

▲ 場所を表す代名詞 y （＝英 there）*le pronom « y »*

Tu vas souvent à Shinjuku / au cinéma / à la bibliothèque / chez ta petite amie ?
きみはしょっちゅう新宿に / 映画に / 図書館に / カノジョの家に 行くの？

- Oui, j'**y** vais une fois par semaine. / Non, je n'**y** vais pas souvent.
そう、週に一回は（そこに）行くね。/ いや、しょっちゅうは（そこに）行かないよ。

Comment est-ce que vous allez à l'auto-école ? - J'**y** vais en métro et à pied.
どうやって自動車教習所に行くんですか？ －地下鉄と歩きで（そこに）行きます。

J'aimerais **y** aller tous les jours. 毎日でもそこに行きたい。

1 表を完成させましょう。音源を聞いて、発音練習もしましょう。
Complétez le tableau, corrigez puis écoutez et répétez.

Comment est-ce que tu vas / vous allez… ? きみは / あなたはどうやって〜に行きますか？

J'y vais…					
1. à pied.	徒歩で	2. à vélo.		3. à moto.	
4. en train.		5. en métro.		6. en bus.	
7. en voiture.		8. en taxi.		9. en avion.	

2 例にならって、パートナーに質問しましょう。*Interrogez votre partenaire comme dans l'exemple.*

Ex　A : Tu vas souvent <u>à la piscine</u> ?

B : Non, je n'y vais jamais. Et toi ?

A : Moi, j'y vais de temps en temps.

B : Comment est-ce que tu vas <u>à la piscine</u> ?

A : J'y vais à vélo.

B : Ah bon !

1. au cinéma

2. au restaurant

3. à la mer

4. à l'étranger

5. chez tes grands-parents

音源を聞いて文を完成させましょう。答え合わせの後、練習してみましょう。(和訳→ p.89)
Écoutez et complétez les phrases. Puis corrigez et répétez. 🎧149

Hiro : Sarah, où est-ce que _____ en général le samedi ?

Sarah : Le matin, _____ ici parce que j'ai cours*. L'après-midi, _____ ici et _____ du tennis avec mon club**. Le soir, _____ au cinéma ou _____ . Et toi ?

Hiro : Moi aussi, _____ ici le matin et l'après-midi, _____ au travail.

Sarah : Ah bon ! Comment est-ce que _____ au travail ?

Hiro : _____ en métro, en train et _____ mais _____ en taxi ! ... Au fait, tu vas souvent _____ ?

Sarah : Oui, _____ une ou deux fois par mois. J'adore _____ !

Hiro : Et _____ avec qui ?

Sarah : En général, _____ avec mon petit ami.

Hiro : Ah bon...

*avoir cours「授業がある」 **avec mon club「サークル(の仲間)と」

ブラン氏と白井夫人の会話を聞き、正しい答えに✓をつけましょう。
Écoutez le dialogue et cochez la bonne réponse. 🎧150

	VRAI	FAUX	ON NE SAIT PAS
1. En général, Mme Shirai va à l'étranger pendant les vacances d'été.			
2. M. Blanc rentre dans sa famille.			
3. Les parents de M. Blanc habitent à Nice.			
4. Mme Shirai va à Kobe en bus.			
5. Elle y va avec son mari* et ses enfants.			
6. M. Blanc va chez ses parents une fois par an.			

*le mari「夫」

音源を聞いて発音しましょう。*Écoutez et répétez.* 🎧151

1 [f]/[v]	2 無音	3 [j]	4 [ɥ]
je **f**ais / je **v**ais	à pie**d**	au trava**il**	je s**u**is
une **f**ois / je **v**ois	che**z**	ma fami**lle**	l**u**i
la **f**aim / du **v**in	la bibliot**h**èque	à p**i**ed	j**u**illet
neu**f** / neuve	me**s** paren**ts**	je vo**y**age	h**u**it

LEÇON 10

Tu téléphones souvent à tes amis ?

よく友だちに電話する?

(152)

> Tu téléphones souvent à tes amis ?

> Non, je ne leur téléphone jamais mais je leur écris tous les jours.

> Vous vous levez tôt le mardi ?

> Oui, je me lève tôt parce que j'ai cours en première période*mais j'aimerais me lever tard !

*j'ai cours en première (deuxième , troisième) période 「わたしは 1 (2 , 3) 限目に授業がある」

❶ écrire と se lever の活用 *les verbes « écrire » et « se lever »*

écrire 書く (153)

j'	**écris**	nous	**écrivons**
tu	**écris**	vous	**écrivez**
il	**écrit**	ils	**écrivent**

se lever 起きる (154)

je	me **lève**	nous	nous levons
tu	te **lèves**	vous	vous levez
il	se **lève**	ils	se **lèvent**

❷ 目的語代名詞 *le pronom complément d'objet* (155)

主語 （→ L.1）	直接目的語	間接目的語	強勢形 （→ L.9）
je (j')	**me (m')**		moi
tu	**te (t')**		toi
il	**le (l')**	**lui**	lui
elle	**la (l')**		elle
nous	**nous**		nous
vous	**vous**		vous
ils	**les**	**leur**	eux
elles			elles

Tu lis **le journal** ? - Oui, je **le** lis.　　　新聞は読む? ―うん、読むよ。 (156)

Tu regardes **la télé** ? - Non, je ne **la** regarde pas.　テレビは見る? ―いや、見ない。

Tu fais **les courses** ? - Oui, je **les** fais.　　　買い物する? ―うん、するよ。

Tu **m'**aimes ? - Oui, je **t'**aime.　　　　　わたしのこと好き? ―うん、好きだよ。

Tu parles **à ta mère** ? - Oui, je **lui** parle souvent.　お母さんに話すの? ―うん、よく話すよ。

Tu écris **à tes parents*** ? - Non, je ne **leur** écris pas.　ご両親にメールを書くの? ―いや、書かないよ。

Tu **me** téléphones ? - Oui, je **te** téléphone.　わたしに電話くれる? ―うん、電話するよ。

*écrire à 人 「～にメール／手紙を書く」

cf. 〈à ＋場所〉は y で受ける (→ L.9)
Tu vas au restaurant ? - Oui, j'**y** vais. / Non, je n'**y** vais pas.

Modèle 1

A : Tu fais souvent le ménage ?　　　　　　　掃除はよくする？

B : Oui, je le fais souvent parce que j'habite seul(e).　うん、ひとり暮らしだから、よくするよ。

Et toi ?　　　　　　　　　　　　　　きみは？

A : Moi, je ne le fais jamais mais ma mère le fait　ぼくは、まったくしないけど、母が毎日

tous les jours.　　　　　　　　　　　やってるよ。

1 代名詞 le, la, les, lui, leur, en, y を使って答えましょう。*Répondez en utilisant un pronom.*

	Oui,	Non,	japonais
1. Tu regardes **la télé** ?	je **la** regarde.	je ne **la** regarde pas.	テレビを見る
2. Tu fais **la cuisine** ?			料理をする
3. Tu lis **le journal** ?			新聞を読む
4. Tu fais **les courses** ?			買い物をする
5. Tu vois **tes amis** ?			友だちに会う
6. Tu fais **du sport** ?			スポーツをする
7. Tu écoutes **de la musique** ?			音楽を聞く
8. Tu lis **des mangas** ?			マンガを読む
9. Tu parles **à ton père** ?	je **lui** parle.	je ne **lui** parle pas.	父に話す
10. Tu téléphones **à ta mère** ?			母に電話する
11. Tu écris **à tes amis** ?			友だちにメールする
12. Tu vas **au cinéma** ?			映画館に行く
13. Tu vas **à la bibliothèque** ?			図書館に行く

2 例にならって、頻度についてパートナーに質問しましょう。*Interrogez votre partenaire comme dans l'exemple.*

Ex　*A* : Tu regardes souvent la télé ?

B : Oui, je la regarde tous les jours. C'est amusant. Et toi ?

A : Moi, je ne la regarde pas souvent parce que je n'ai pas le temps* mais j'aimerais la regarder tous les jours !

*J'ai le temps. 「時間がある」／ Je n'ai pas le temps. 「時間がない」

代名動詞を使って習慣について話す *parler des habitudes quotidiennes en utilisant des verbes pronominaux* 〔158〕

Modèle 2

A : Tu te lèves tôt le lundi ?　　　　　　　　　月曜は早く起きる？

B : Oui, je me lève tôt mais j'aimerais me lever　うん、早く起きるけどゆっくりしたいよ。

　　 tard. Et toi ?　　　　　　　　　　　　　きみは？

A : Moi, je me lève tard. C'est super !　　　　わたしは遅く起きるよ。サイコーさ！

C : Qu'est-ce que vous faites le dimanche soir ?　いつも日曜の晩は何をしますか？

D : Je dîne avec ma famille, je regarde la télé,　家族と夕食をとって、テレビを見て、

　　 je prends un bain et je me couche tôt.　　　お風呂に入って早く寝ます。

▲ 代名動詞 *les verbes pronominaux* ／主語が je, tu, vous の場合 〔159〕

se lever	起きる	→ je **me** lève	tu **te** lèves	vous **vous** levez
se coucher	寝る	→ je **me** couche	tu **te** couches	vous **vous** couchez
s'habiller	服を着る	→ je **m'**habille	tu **t'**habilles	vous **vous** habillez

［否定形］　Je **ne me couche pas** tard.

［動詞が2つある場合］　J'aimerais **me lever** tard.

1 je, tu, vous について、動詞を活用させましょう。また、音源を聞いて、答え合わせをしましょう。 〔160〕
Conjuguez les verbes au présent (je, tu, vous). Puis écoutez et répétez.

	je... / tu... / vous...	japonais
1. se lever	je me lève / tu te lèves / vous vous levez	起きる
2. s'habiller		服を着る
3. prendre *son* petit déjeuner		朝食をとる
4. déjeuner		昼食をとる
5. dîner		夕食をとる
6. se doucher		シャワーを浴びる
7. prendre un bain		風呂に入る
8. se coucher		寝る

2 Modèle 2 にならって、パートナーに質問しましょう。また、答えを展開させましょう。
Interrogez votre partenaire et répondez comme dans le Modèle 2.

1. Tu te lèves tôt le lundi ?　　　　　　　　2. se doucher / le matin

3. se lever tard / le dimanche　　　　　　　4. prendre un bain / le soir

5. prendre son petit déjeuner seul(e) / en général　6. se coucher tard / le samedi

音源を聞いて文を完成させましょう。答え合わせの後、練習してみましょう。（和訳→p.90）
Écoutez et complétez les phrases. Puis corrigez et répétez.　🎧 161

Gilles : Dis*, Yuka, _____ tôt le lundi ?

Yuka : Oui, _____ tôt parce que _____ cours en première période mais _____ tard ! Et toi ?

Gilles : Moi, _____ tard et je me repose** parce que _____ très tard le dimanche soir.

Yuka : Ah bon ! _____ quoi en général le dimanche soir ?

Gilles : _____, _____ à la maison, _____ la cuisine, _____, _____ et _____ la télé.

Yuka : Ah bon ! Tu fais souvent _____ ?

Gilles : Oui, je _____ fais tous les jours parce que mes parents _____ à Toulouse.

Yuka : Moi, je ne _____ fais jamais parce que je n'aime pas _____ ! Et tu téléphones souvent _____ ?

Gilles : Non, je ne _____ téléphone pas souvent mais je _____ écris une fois par semaine.

*Dis... 「ねえ」
** se reposer 「休む」

倉田夫人とラグランジュ氏の会話を聞き、正しい答えに✓をつけましょう。
Écoutez le dialogue et cochez la bonne réponse.　🎧 162

	VRAI	FAUX	ON NE SAIT PAS
1. M. Lagrange ne se lève pas tôt le samedi.			
2. M. Lagrange sort avec des amis le samedi soir.			
3. Mᵐᵉ Kurata se lève tard le samedi.			
4. Elle fait du jogging 2 fois par semaine.			
5. M. Lagrange ne fait pas souvent la cuisine parce qu'il déteste ça.			
6. Mᵐᵉ Kurata se couche tard le dimanche.			

音源を聞いて発音しましょう。*Écoutez et répétez.*　🎧 163

	[ə / 無音]	[ɛ]	[ɛ]
1	vous vous appelez	je m'appelle	tu t'appelles
2	vous vous levez	je me lève	tu te lèves

	[ə]	[e]
3	Je me lève tard.	J'aimerais me lever tard.
4	Je me couche tôt.	J'aimerais me coucher tôt.

Tu te lèves à quelle heure ?

何時に起きる？

> Tu te lèves à quelle heure ?

> Je me lève vers sept heures.

> Qu'est-ce que vous allez faire le 1er janvier ?

> Je vais aller au temple shinto avec ma famille et nous allons manger des plats traditionnels du nouvel an.

❶ partir と finir の活用 *les verbes « partir » et « finir »*

partir 出発する 🎧165

je	**pars**	nous	**partons**
tu	**pars**	vous	**partez**
il	**part**	ils	**partent**

finir 終わる 🎧166

je	**finis**	nous	**finissons**
tu	**finis**	vous	**finissez**
il	**finit**	ils	**finissent**

❷ 時刻の表現 *l'heure*

Il est quelle heure ? 何時ですか？ 🎧167

Il est…			
1h00	une heure.	1h35	deux heures moins vingt-cinq.
2h05	deux heures cinq.	3h40	quatre heures moins vingt.
3h10	trois heures dix.	5h45	six heures **moins le quart**.
4h15	quatre heures **et quart**.	7h50	huit heures moins dix.
8h25	huit heures vingt-cinq.	9h55	dix heures moins cinq.
10h30	dix heures **et demie**.	0h00	**minuit**.
12h00	**midi**.		

日常会話では、時刻は 12 時間制で表現します。午前か午後かをはっきりさせるには、8 heures du matin「朝の 8 時」などと言います。他に、de l'après-midi「午後の」、du soir「夜の」などを付け加えます。

Tu te lèves à quelle heure ?   何時に起きる？ 🎧168

— Je me lève **à** six heures et demie.   ―6 時半に起きます。

— Je me lève **vers** six heures et demie.   ―6 時半ごろに起きます。

❸ 近い未来 *le futur proche* 🎧169

| **aller** | + | 動詞の原形 | 「～するつもり / するところだ」 |

je regarde → je **vais** regarder   je <u>ne</u> regarde <u>pas</u> → je <u>ne</u> **vais** <u>pas</u> regarder

tu fais   → tu **vas** faire   tu <u>ne</u> fais <u>pas</u>   → tu <u>ne</u> **vas** <u>pas</u> faire

生活時間についてたずね、それに答える *demander et indiquer un horaire*

Modèle 1

A : Tu te lèves à quelle heure le vendredi ?　　　　　金曜は何時に起きる？

B : Je me lève à 6 heures et demie mais　　　　　6時半に起きるよ。でも昼に起きたいな！

　　　 j'aimerais me lever à midi ! Et toi ?　　　　　きみは？

A : Moi, je me lève vers 11 heures parce que　　　金曜日は授業がないから 11 時ごろ起きるよ。

　　　 je n'ai pas cours* le vendredi.

*j'ai cours「授業がある」／ je n'ai pas cours「授業がない」
j'ai cours en première (deuxième, troisième) période「1（2、3）限目に授業がある」(→ p.50)

1 je, tu, vous について、動詞を現在形に活用させましょう。*Complétez le tableau.*

	je... / tu... / vous...	japonais
1. se lever	je me lève, tu te lèves, vous vous levez	起きる
2. partir de la maison		家から出発する
3. arriver ici		ここに着く
4. commencer les cours		授業を始める
5. finir les cours		授業を終える
6. rentrer à la maison		家に帰る
7. se coucher		寝る

2 例にならってパートナーに質問し、その答えを表に書き込みましょう。
Interrogez votre partenaire comme dans l'exemple et notez ses réponses dans le tableau.

Ex　*A* : Tu <u>te lèves</u> à quelle heure le lundi ?

　　B : Je <u>me lève</u> à 5h30 parce que j'ai cours en première période.

　　A : Ah bon ! Et tu <u>pars de la maison</u> à quelle heure ?

　　B : Je <u>pars de la maison</u> vers 7h.

	à quelle heure le lundi ?	à quelle heure le vendredi ?
1. se lever		
2. partir de la maison		
3. arriver ici		
4. commencer les cours		
5. finir les cours		
6. rentrer à la maison		
7. se coucher		

Modèle 2　　　　　　　　計画についてたずね、それに答える *parler de ses projets* （172）

> *A* : Tu vas faire quoi ce soir ?　　　　　　今晩、何するの？
>
> *B* : Je vais rentrer à 8 heures, je vais dîner,　　8時に家に帰って、晩ごはんを食べて、シャワーを
>
> 　　je vais me doucher, je vais étudier et je　　浴びて、勉強をして、11時ごろ寝るつもりだよ。
>
> 　　vais me coucher vers 11 heures.

▲ 疑問詞 quand 「いつ」　　　　　　　　　　　　　　　　　　　（173）

Vous allez rentrer dans votre famille **quand** ?　　いつ家族のところへ帰るつもりですか？

- Je vais rentrer dans ma famille **le 1ᵉʳ mai**.　　−5月1日に、家族のところに帰るつもりです。

Tu vas aller à Nice **quand** ? - Je vais y aller **du 15 au 27 août**.

　　　　　　ニースにはいつ行く予定？　−（そこには）8月の15日から27日まで行く予定だよ。

▲ 日付の表現 *la date*

　　　　　　　　　　　　　　　　　「1日」のみ序数を使う le **premier** janvier

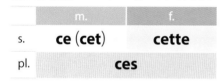　le mercredi 21 avril 2021

▲ 指示形容詞 ce (cet), cette, ces *l'adjectif démonstratif*　　（174）

	m.	f.
s.	**ce (cet)**	**cette**
pl.	**ces**	

ce soir / **ce** week-end　　今夜 / 今週末

cet après-midi　　今日の午後

cette semaine　　今週

pendant **ces** vacances　　この休暇中に

1 Modèle 2 にならい、パートナーに質問しましょう。*Interrogez votre partenaire comme dans le Modèle 2.*

1. ce soir　　　　2. demain matin　　　3. ce week-end

4. le 31 décembre　5. le 1ᵉʳ janvier　　6. pendant les vacances de printemps （175）

Vocabulaire	japonais
faire du tourisme	観光する
manger des spécialités locales	ご当地グルメを食べる
aller aux sources thermales (à Izu)	（伊豆の）温泉に行く
s'amuser avec des amis	友だちと遊ぶ
manger des nouilles japonaises	そばを食べる
manger des plats traditionnels du nouvel an	おせち料理を食べる
aller au temple shinto	初詣に行く
passer le permis	免許を取る

音源を聞いて文を完成させましょう。答え合わせの後、練習してみましょう。（和訳→ p.90）
Écoutez et complétez les phrases. Puis corrigez et répétez. 176▶

Shinji : Manon,   quoi pendant les vacances de Noël ?

Manon :   à Séoul.   du tourisme et
            des spécialités locales.

Shinji : Tu as de la chance ! Tu vas   aller quand ?

Manon : Je vais   aller du   au   janvier. Et toi,   où ?

Shinji : Moi,   ici parce que   mais
        à Paris pendant les vacances de printemps !

Manon : Super !* Et tu vas travailler le   décembre aussi ?

Shinji : Non,   .   la cuisine avec ma
mère,   la télé et
des nouilles japonaises.

Manon : Moi,   avec des amis. Je vais m'amuser** toute la nuit*** !

*Super ! 「いいね！」 **s'amuser 「楽しむ」 ***toute la nuit 「ひと晩中」

ブアマザ夫人と富岡氏の会話を聞き、正しい答えに✓をつけましょう。
Écoutez le dialogue et cochez la bonne réponse. 177▶

	VRAI	FAUX	ON NE SAIT PAS
1. Ce week-end, M. Tomioka va aller aux sources thermales à Izu.			
2. Il va se reposer.			
3. Il va partir demain soir vers 9 heures.			
4. Pendant ces vacances, Mme Bouamazza va voir sa famille à Marrakech.			
5. Elle va y aller du 22 décembre au 3 janvier.			
6. M. Tomioka va sortir avec des amis pendant ces vacances.			

音源を聞いて発音しましょう。*Écoutez et répétez.* 178▶

1 [n]	2 [z]	3 [tr]	4 [k]
une heure	deux heures	quatre heures	cinq heures

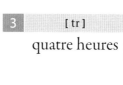

		5 [t]	6 [v]
		sept heures	neuf heures

Je veux aller en France, à Paris.

フランスのパリに行きたい。

(179)

Je veux aller en France, à Paris.

Il fait quel temps à Paris en juillet ?

À mon avis, il fait beau mais il pleut parfois.

Qu'est-ce qu'on peut faire à Paris ?

Si tu veux avoir une belle vue de Paris, tu peux monter au sommet de la tour Eiffel !

à mon avis「わたしの考えでは」　si ～「もし～なら」

❶ **vouloir**, **pouvoir**, **devoir** の活用 *les verbes « vouloir », « pouvoir » et « devoir »*

vouloir ～したい (180)

je	**veux**
tu	**veux**
il	**veut**
nous	**voulons**
vous	**voulez**
ils	**veulent**

pouvoir ～できる (181)

je	**peux**
tu	**peux**
il	**peut**
nous	**pouvons**
vous	**pouvez**
ils	**peuvent**

devoir ～せねばならない (182)

je	**dois**
tu	**dois**
il	**doit**
nous	**devons**
vous	**devez**
ils	**doivent**

(183)

vouloir		Je **veux** aller en France en août.	8月にフランスに行きたいです。
pouvoir	+ 動詞の原形	Je ne **peux** pas sortir demain.	明日は外出できません。
devoir		Je **dois** me coucher tôt ce soir.	今晩は早く寝なくてはなりません。

❷ 都市や国にかかわる前置詞 *les prépositions devant les villes et les pays* (184)

à	+	市・島・公国	à Paris, à Hokkaido, à Taïwan, à Singapour, à Monaco
en	+	女性名詞の国 母音で始まる国	la France → **en** France　la Chine → **en** Chine l'Espagne → **en** Espagne　l'Iran → **en** Iran
au	+	男性名詞の国	le Japon → **au** Japon　le Canada → **au** Canada
aux	+	複数形の国	les États-Unis → **aux** États-Unis

＊通常 e で終わる国は女性形（例外：le Mexique, le Cambodge...）

❸ 天候の表現 *la météo* (185)

Il fait quel temps ?

Il fait chaud / doux / frais / froid.	暑い / 暖かい / 涼しい / 寒い。
Il fait beau / nuageux / humide / sec.	天気がいい / 曇り / じめじめする / 乾燥している。
Il pleut. / Il neige.	雨が降っている。 / 雪が降っている。

行きたい場所についてたずね、その土地の天候について話す *demander et dire où on veut aller, parler du temps* 🎧186

Modèle 1

A : Tu veux aller où pendant les vacances d'été ?　　　夏休みはどこに行きたい？

B : Je veux aller au Vietnam, à Hanoï.　　　ヴェトナムのハノイに行きたい。

A : Il fait quel temps à Hanoï en août ?　　　8月のハノイはどんな天気？

B : À mon avis, il fait très chaud et il pleut souvent.　　　ぼくの考えでは、とても暑くてよく雨が降るよ。

C : Où est-ce que vous voulez aller ce week-end ?　　　この週末、どこに行きたいですか？

D : Je veux aller à Hokkaido.　　　北海道に行きたいです。

C : Il fait quel temps à Hokkaido en hiver ?　　　冬、北海道はどんな天気ですか？

D : Il fait très froid et il neige souvent.　　　とても寒くてよく雪が降ります。

▲ 季節 *les saisons* 🎧187

le printemps	l'été	l'automne	l'hiver
春	夏	秋	冬
au printemps	en été	en automne	en hiver
春に	夏に	秋に	冬に

1 例にならって、文を作りましょう。 *Faites des phrases comme dans l'exemple.*

Ex　la France / Paris　→　Je veux aller **en** France, à Paris.

1. la Chine / Pékin	2. l'Italie / Rome	3. l'Allemagne / Berlin
4. le Maroc / Marrakech	5. le Canada / Montréal	6. la Suisse / Genève
7. les Philippines / Manille	8. les États-Unis / Hawaï	9. Singapour

2 例にならって、パートナーに質問しましょう。 *Interrogez votre partenaire comme dans l'exemple.*

Ex　la Thaïlande / Bangkok / été　　*A :* Il fait quel temps **en** Thaïlande, **à** Bangkok **en** été ?

　　　　　　　　　　　　　　　　　　B : À mon avis, <u>il fait très chaud</u> et <u>il pleut</u> parfois.

1. l'Angleterre / Londres / automne	2. la Russie / Moscou / hiver
3. le Brésil / Rio de Janeiro / janvier	4. l'Australie / Sydney / juillet
5. la Corée du Sud / Séoul / printemps	6. l'Espagne / Barcelone / été

3 Modèle 1 にならって、パートナーに質問しましょう。 *Interrogez votre partenaire comme dans le Modèle 1.*

1. ce week-end	2. pendant les vacances de printemps
3. pendant la Golden Week	4. pendant les vacances d'été

アドヴァイスを求める／与える *demander et donner des conseils*

Modèle 2

A : Qu'est-ce qu'on peut faire à Paris ?　　パリでは何ができるの？

B : –Si tu aimes les peintures, tu peux visiter　　—もし絵画が好きなら、ルーヴル美術館をたずね
　　　le Louvre.　　られるよ。

　　　–Si tu aimes les peintures, visite le Louvre !　　—もし絵画が好きなら、ルーヴル美術館に行きなよ！

▲ **主語代名詞 on** *le pronom « on »*

on は、nous（わたしたち）、les gens（人々）、quelqu'un（だれか）の意味になりますが、動詞は **3 人称単数形**に活用させます。

▲ **命令形** *l'impératif*

	訪ねる **visiter**	行く **aller**	とる **prendre**	休む **se reposer**	散歩する **se promener**
（tu に対して）	**visite***	**va***	prends	repose-toi	promène-toi
（nous に対して）	visitons	allons	prenons	reposons-nous	promenons-nous
（vous に対して）	visitez	allez	prenez	reposez-vous	promenez-vous

*-er 動詞と aller の tu に対する命令形では、活用形から語尾の s を取ります。

[否定形]　Visite ! → Ne visite pas !　　　　Repose-toi ! → Ne **te** repose pas !

1 例にならって動詞を命令形に活用させ、表を完成させましょう。また、音源を聞いて発音練習をしましょう。
Complétez le tableau en conjuguant les verbes à l'impératif. Puis écoutez et répétez.

	tu / nous / vous に対して		tu / nous / vous に対して
1. réserver		2. monter	
3. se lever		4. faire	
5. sortir		6. s'amuser	

2 例にならって、下段の語彙を使って命令文を完成させましょう。
Complétez les phrases à l'impératif comme dans l'exemple. Utilisez le vocabulaire ci-dessous.

Ex Si tu veux avoir une belle vue de Tokyo, **monte** au sommet de la tour SkyTree !

1. Si tu aimes les boutiques à la mode...　　2. Si tu as le temps...

3. Si tu aimes les châteaux...　　4. Si tu aimes le ballet...

5. Si tu veux aller à Londres...　　6. Si tu veux manger des spécialités locales...

7. Si tu aimes les parcs d'attraction...　　8. Si tu aimes les bateaux...

> faire du shopping sur les Champs-Élysées / s'amuser à Disneyland Paris /
> aller au château de Versailles / prendre l'Eurostar /
> réserver une place à l'opéra Garnier / se promener sur les quais de Seine /
> déjeuner dans un bistrot / faire une balade en bateau-mouche

音源を聞いて文を完成させましょう。答え合わせの後、練習してみましょう。(和訳→ p.90)
Écoutez et complétez les phrases. Puis corrigez et répétez.　🎧191

Emma : Riku,   aller où pendant les vacances de printemps ?

Riku :   aller   France,   Paris. Dis,   quel temps   Paris   février ?

Emma : En général,   froid et   souvent.

Riku : Ah bon... Et qu'est-ce qu'   faire   Paris ?

Emma : Si   avoir une belle vue de Paris,   au sommet de la tour Eiffel. Et si   le temps,   sur les quais de Seine... Au fait,   d'où, Riku ?

Riku :   de Sapporo.

Emma : Ah bon !   quel temps à Sapporo   hiver ?

Riku :   très froid et   souvent.

Emma : Qu'est-ce qu'   faire à Sapporo ?

Riku :   février,   aller au festival de la neige. Et si   les animaux,   le train et   au zoo d'Asahikawa !

Emma : C'est bien, ça !*

*C'est bien, ça !「それいいね！」

田中夫人とデシャン氏の会話を聞き、正しい答えに✓をつけましょう。
Écoutez le dialogue et cochez la bonne réponse.　🎧192

	VRAI	FAUX	ON NE SAIT PAS
1. M. Deschamps veut aller au Japon cet été.			
2. À Tokyo, il fait très chaud et sec en été.			
3. Les parents de Mme Tanaka habitent à Tokyo.			
4. M. Deschamps n'aime pas les animaux.			
5. M. Deschamps veut manger des plats traditionnels japonais.			
6. On ne peut pas manger de spécialités locales à Ueno.			

音源を聞いて発音しましょう。*Écoutez et répétez.*　🎧193

1	[ɑ̃]	am, an, em, en	Tu veux aller où **pen**dant les vac**an**ces de print**em**ps ? Il pleut souv**ent en An**gleterre **en** nov**em**bre.
2	[ɛ̃] [œ̃]	im, in, ym, yn, aim, ain, eim, ein, um, un	**Demain**, je vais prendre le tr**ain** et je vais aller à Berl**in**. Si tu aimes les p**ein**tures, visite **un** musée l**un**di ! S**in**gapour, c'est s**ym**pa !
3	[ɔ̃]	om, on	**On** peut m**on**ter au sommet du m**on**t Fuji. All**on**s au Jap**on** et mange**on**s du b**on** poiss**on** !

Qu'est-ce que tu as fait l'été dernier ?

この前の夏、何した？

LEÇON 13

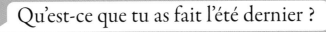

> Qu'est-ce que tu as fait l'été dernier ?

(194)

> En juillet, je suis allée à Nagano avec mon club. J'ai fait du tourisme et j'ai mangé des spécialités locales.

> Ah bon ! C'était comment ?

> C'était amusant mais fatigant.

---

❶ 過去分詞の作り方 *le participe passé* (195)

-er → -é	: travailler → travaill**é**, étudier → étudi**é**, etc. (例外なし)
-ir → -i	: finir → fin**i**, sortir → sort**i**, etc. (一部例外)
-re, -oir で終わる動詞は **-u**	: boire → **bu**, lire → **lu**, vouloir → **voulu**, pouvoir → **pu**, etc. (一部例外)
その他	: être → **été**, avoir → **eu** [y], faire → **fait**, prendre → **pris**, etc.

❷ 複合過去 *le passé composé*

1) avoir + 過去分詞 *le passé composé avec « avoir »*

faire の複合過去 (196)

j'ai fait	nous **avons fait**
tu **as fait**	vous **avez fait**
il **a fait**	ils **ont fait**
elle **a fait**	elles **ont fait**
on **a fait**	

faire の複合過去の否定形 (197)

je n'**ai** pas **fait**	nous n'**avons** pas **fait**
tu n'**as** pas **fait**	vous n'**avez** pas **fait**
il n'**a** pas **fait**	ils n'**ont** pas **fait**
elle n'**a** pas **fait**	elles n'**ont** pas **fait**
on n'**a** pas **fait**	

J'**ai regardé** la télé. わたしはテレビを見ました。 (198)

On **a lu** des mangas. わたしたちはマンガを読みました。

2) être + 過去分詞 *le passé composé avec « être »*

aller の複合過去 (199)

je **suis allé(e)**	nous **sommes allé(e)s**
tu **es allé(e)**	vous **êtes allé(e)(s)**
il **est allé**	ils **sont allés**
elle **est allée**	elles **sont allées**
on **est allé(e)(s)**	

aller の複合過去の否定形 (201)

je ne **suis** pas **allé(e)**	nous ne **sommes** pas **allé(e)s**
tu n'**es** pas **allé(e)**	vous n'**êtes** pas **allé(e)(s)**
il n'**est** pas **allé**	ils ne **sont** pas **allés**
elle n'**est** pas **allée**	elles ne **sont** pas **allées**
on n'**est** pas **allé(e)(s)**	

助動詞に être を使った場合、**過去分詞は主語と性・数を一致**させます。

Je **suis allé(e)** en France. わたしはフランスに行きました。 (202)

Nous **sommes parti(e)s** en vacances. わたしたちは、ヴァカンスに出かけました。

過去の出来事について質問し、それに答える *demander et dire ce qu'on a fait*

Modèle 1

A : Tu es resté(e) à la maison ce week-end ?　　　この週末は、家にいたの？

B : Non, je ne suis pas resté(e) à la maison.　　　いや、家にはいなかったよ。

　　Je suis sorti(e) avec des amis. Et toi ?　　　友だちと出かけたんだ。きみは？

A : Moi, je suis resté(e) à la maison et j'ai lu.　　　わたしは家にいて，本を読んだよ。

▲ 助動詞に être を使うおもな動詞 *des verbes avec l'auxiliaire « être » au passé composé*

場所の移動・状態の変化を表す自動詞	
aller (allé) 行く ↔ venir (venu) 来る	naître (né) 生まれる ↔ mourir (mort) 死ぬ
entrer (entré) 入る ↔ sortir (sorti) 出る	partir (parti) 出発する ↔ arriver (arrivé) 到着する
rentrer (rentré) 帰る	rester (resté) とどまる

1 je, tu, vous について、動詞を複合過去に活用させましょう。また、音源を聞いて答え合わせをしましょう。
Conjuguez les verbes au passé composé. Puis écoutez et répétez. (205)

	je... / tu... / vous...
1. regarder la télé	j'ai regardé / tu as regardé / vous avez regardé la télé
2. prendre son petit déjeuner	
3. lire le journal	
4. faire du sport	
5. voir des amis	
6. venir ici	
7. aller à l'étranger	
8. partir en vacances	
9. rester à la maison	
10. sortir avec des amis	

2 例にならって、パートナーに質問しましょう。質問内容は1を参考にし、また同時に「時の表現」も変化させましょう。
Interrogez votre partenaire comme dans l'exemple. Utilisez le vocabulaire de l'activité ci-dessus et différents indicateurs de temps.

Ex *A* : Tu as pris ton petit déjeuner <u>ce matin</u> ?

　　B : — Oui, j'ai pris mon petit déjeuner. J'ai mangé une viennoiserie et j'ai bu du café.

　　　　— Non, je n'ai pas pris mon petit déjeuner mais j'ai bu du café.

▲ 時の表現 *des indicateurs de temps* (206)

ce matin	今朝	hier	昨日	hier matin	昨日の朝
hier après-midi	昨日の午後	hier soir	昨日の晩	avant-hier	一昨日
ce week-end	今週末	samedi dernier	この前の土曜	la semaine dernière	先週
le mois dernier	先月	l'été dernier	この前の夏	l'année dernière	去年

Modèle 2

> *A* : Qu'est-ce que tu as fait ce week-end ?　　週末は何した？
>
> *B* : Samedi, je suis resté(e) à la maison.　　土曜日は家にいて、日曜は友だちに会って、
>
> 　　 Dimanche, j'ai vu des amis et on est　　レストランに行ったよ。
>
> 　　 allés au restaurant.
>
> *A* : C'était comment ?　　どうだった？
>
> *B* : C'était bon et ce n'était pas cher !　　おいしかったし、高くなかったよ！

▲ C'était + 形容詞. / Ce n'était pas + 形容詞. ／過去の行為についてコメントする ⟨208⟩

C'était comment ?	
C'était super / ennuyeux / reposant.	すごかった / つまらなかった / 休養になった。
Ce n'était pas bon / agréable / facile.	おいしくなかった / 気持ちよくなかった / 簡単ではなかった。

(C'est 〜 . → L.3)

Hier, je suis allé(e) dans un parc d'attraction. **C'était** amusant mais fatigant. (半過去→ L.14)

昨日、遊園地に行きました。楽しかったけど疲れました。

1 Modèle 2 にならって、パートナーに質問しましょう。また、その答えを表に書き入れてください。
Interrogez votre partenaire comme dans le Modèle 2 puis rapportez ses réponses dans le tableau.

	Qu'est-ce qu'il / elle a fait…	C'était comment ?
1. ce week-end ?		
2. ce matin ?		
3. hier après-midi ?		
4. hier soir ?		
5. l'été dernier ?		

音源を聞いて文を完成させましょう。答え合わせの後、練習してみましょう。（和訳→ p.91）
Écoutez et complétez les phrases. Puis corrigez et répétez.

Nathan : Dis, Midori, qu'est-ce que _____ l'été dernier ?

Midori : En juillet, _____ à Tokyo et _____ mais en août,

_____ en vacances !

Nathan : Ah bon ! _____ où ?

Midori : _____ en Angleterre, à Londres avec des amis.

_____ du shopping, _____ des photos et _____ des comédies musicales*.

Nathan : Tu as de la chance ! _____ comment ?

Midori : _____ très amusant mais fatigant !

Nathan : _____ la France ?

Midori : Si, _____ l'Eurostar et _____ à Paris.

_____ des spécialités locales et _____ à la tour Eiffel.

Nathan : C'est bien, ça ! _____ comment ?

Midori : _____ super ! Et toi, Nathan, _____ quoi ?

Nathan : Moi, _____ tout l'été** parce que je n'avais pas d'argent*** !

*une comédie musicale「ミュージカル」 **tout l'été「夏中ずっと」 ***je n'avais pas d'argent「お金がなかった」（半過去→ L.14)

COMPRÉHENSION ORALE

シュヴァリエ氏と馬場夫人の会話を聞き、正しい答えに✓をつけましょう。
Écoutez le dialogue et cochez la bonne réponse.

	VRAI	FAUX	ON NE SAIT PAS
1. Samedi, Mme Baba est allée au concert avec une amie.			
2. Elles ont vu l'exposition de Picasso.			
3. Ce n'était pas intéressant.			
4. Samedi soir, M. Chevalier a dîné avec des amis.			
5. Après*, ils sont allés en discothèque.			
6. Il est rentré à la maison à 2 heures du matin.			

*après「そのあと」

PRONONCIATION

音源を聞いて発音しましょう。*Écoutez et répétez.* (211)

	現在	複合過去
1	je travaille	j'ai travaill**é**
2	j'étudie	j'ai étudi**é**
3	je regarde	j'ai regard**é**
4	je mange	j'ai mang**é**
5	je reste	je suis rest**é**(**e**)
6	je rentre	je suis rentr**é**(**e**)

Tu t'es levé(e) à quelle heure ce matin ?

LEÇON **14**

今朝、何時に起きた？

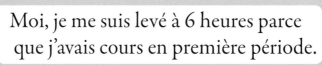

> Tu t'es levée à quelle heure ce matin ?

> Je me suis levée à 10 heures et demie parce que j'étais fatiguée. Et toi ?

> Moi, je me suis levé à 6 heures parce que j'avais cours en première période.

❶ **se lever** の複合過去の活用　*le verbe « se lever » au passé composé*

se lever の複合過去

je	**me suis levé(e)**	nous	**nous sommes levé(e)s**
tu	**t'es levé(e)**	vous	**vous êtes levé(e)(s)**
il	**s'est levé**	ils	**se sont levés**
elle	**s'est levée**	elles	**se sont levées**
on	**s'est levé(e)(s)**		

[否定形] je **ne me suis pas** levé(e), tu **ne t'es pas** levé(e) …

❷ 代名動詞の複合過去　*les verbes pronominaux au passé composé*

助動詞はつねに être を用い、過去分詞は再帰目的語と性・数一致させる。

Je me suis levé(e) tôt.　わたしは早く起きた。　　Elle s'est baignée.　彼女は海水浴をした。

Nous nous sommes habillé(e)s.　わたしたちは着替えた。　　Ils se sont promenés.　彼らは散歩した。

❸ **être** と **avoir** の半過去の活用　*les verbes « être » et « avoir » à l'imparfait*

être の半過去				**avoir** の半過去			
j'	**étais**	nous	**étions**	j'	**avais**	nous	**avions**
tu	**étais**	vous	**étiez**	tu	**avais**	vous	**aviez**
il	**était**	ils	**étaient**	il	**avait**	ils	**avaient**

Ce matin, je n'ai pas pris mon petit déjeuner 〔 parce que je me suis levé(e) tard.
〔 parce que **je n'avais pas** le temps.

今朝、朝食をとらなかった、〔 なぜなら遅く起きたので。
〔 なぜなら時間がなかったので。

Ce week-end, je suis resté(e) à la maison 〔 et j'ai fait mes devoirs.
〔 parce que **j'étais** fatigué(e).

今週末は、家にいた、〔 そして宿題をした。
〔 なぜなら疲れていたので。

À VOUS! 1

代名動詞を使って、過去の事柄を話す *parler d'événements passés en utilisant des verbes pronominaux*

Modèle 1

> *A :* Tu t'es levé(e) tard ce matin ?　　　　今朝は、遅く起きたの？
>
> *B :* Non, je ne me suis pas levé(e) tard parce j'avais　　いや、一限の授業があったから、遅くなかっ
>
> 　　　cours en première période. Et toi ?　　　たよ。きみは？
>
> *A :* Moi, je me suis levé(e) tard. C'était reposant !　　わたしは遅く起きたよ。ゆっくりできた！

1 je, tu, vous について動詞を複合過去形に活用させましょう。また、音源を聞いて答え合わせをしましょう。
Conjuguez les verbes au passé composé. Puis écoutez et répétez.

	je… / tu… / vous…	japonais
1. se lever tard		遅く起きる
2. se coucher tôt		早く寝る
3. se reposer		休む
4. se promener		散歩する

2 Modèle 1 にならって、パートナーに質問しましょう。また答えるときは、「語彙」を参考にしましょう。
Interrogez votre partenaire comme dans le Modèle 1. Aidez-vous du vocabulaire pour répondre.

1. se lever tard / ce matin
2. se coucher tôt / hier soir
3. se reposer / ce week-end
4. se promener / ce week-end
5. venir ici / hier
6. sortir avec des amis / hier soir
7. aller au cinéma / hier
8. prendre ton petit déjeuner / ce matin
9. étudier le français / ce week-end
10. travailler / ce week-end

	Vocabulaire
1	J'étais fatigué(e) / en retard / occupé(e) / malade. 疲れていた / 遅刻していた / 忙しかった / 病気だった。
2	J'avais cours en première période / jusqu'à 6 heures. 1時間目に / 6時まで　授業があった。
3	Je n'avais pas cours.　　　授業がなかった。
4	J'avais mal à la tête / mal au ventre. 頭が / おなかが　痛かった。
5	J'avais le temps / faim / soif / sommeil. 時間があった / 空腹だった / のどが渇いていた / 眠かった。
6	Je n'avais pas le temps / d'argent. 時間が / お金が　なかった。

13 課の「語彙」も参考にしましょう。Voir aussi le vocabulaire de la L.13 (C'était...).

Modèle 2

話を組み立てて、1日の行動を話す *raconter sa journée au passé, structurer son discours* (221)

A : Qu'est-ce que tu as fait ce matin ?

B : Je me suis levé(e) vers 8 heures. D'abord,
j'ai pris mon petit déjeuner. Ensuite,
j'ai lu le journal. Puis, j'ai regardé la télé.
Après, je me suis habillé(e). Enfin, je
suis parti(e) de la maison à 9 heures et demie
parce que j'avais cours en deuxième période.

今朝は何した？

8時ごろ起きたよ。まず朝ごはんを食べて、

次に新聞を読んで、それからテレビを見た。

そして着替えて、最後に２限の授業があった

から９時半に家を出たよ。

▲ **話を組み立てるための表現** *des expressions pour structurer son discours* (222)

D'abord,…	Ensuite,…	Puis,…	Après,…	Enfin,…
まず	次に	それから	そして	最後に

D'abord は一番初めに、Enfin は一番最後に、他は好きな順番で使えます。

---

1 Modèle 2 にならって、パートナーに質問しましょう。次に自分の答えを、例にならって表に書き込みましょう。
Interrogez votre partenaire comme dans le Modèle 2. Puis, écrivez vos réponses dans le tableau.

	Qu'est-ce que tu as fait…
1. ce matin ?	
2. hier matin ?	
3. hier soir ?	

▨ DIALOGUE

音源を聞いて文を完成させましょう。答え合わせの後、練習してみましょう。（和訳→ p.91） 🎧223
Écoutez et complétez les phrases. Puis corrigez et répétez.

Thomas : Salut, Kyoko ! Ça va ?

Kyoko : Bof !* Je suis fatiguée parce que _____ tard hier soir.

Thomas : Ah bon ! _____ à quelle heure ?

Kyoko : _____ à _____ heures du matin.

Thomas : Oh là là ! Mais, qu'est-ce que _____ hier soir ?

Kyoko : _____ de l'université à _____ heures parce que _____ cours jusqu'en cinquième période. D'abord, _____ à Ikebukuro et _____ . Ensuite, _____ à la maison et _____ . Puis, _____ et _____ parce que _____ un examen de français ce matin. Enfin, _____ .

Thomas : Et l'examen, c'était comment ?

Kyoko : _____ long et difficile…

Thomas : _____ à la maison et _____ tôt !

*Bof !「べつに！」

▨ COMPRÉHENSION ORALE

デュモン夫人と山田氏の会話を聞き、正しい答えに✓をつけましょう。 🎧224
Écoutez le dialogue et cochez la bonne réponse.

	VRAI	FAUX	ON NE SAIT PAS
1. Ce matin, M. Yamada s'est levé tôt et il a pris un bain.			
2. Il n'a rien mangé parce qu'il avait mal au ventre.			
3. Mme Dumont s'est levée tôt.			
4. Hier soir, elle est sortie avec des amis.			
5. Elle s'est couchée vers minuit.			
6. Elle s'est bien amusée.			

▨ PRONONCIATION

音源を聞いて発音しましょう。*Écoutez et répétez.* 🎧225

1 Qu'est-ce que tu as fait samedi ?

2 Mes parents veulent se promener à la montagne.

3 J'aimerais travailler dans une boulangerie.

4 Tu étudies le français parce que tu aimes la France.

5 Je me suis levé tôt ce matin.

Carte de France

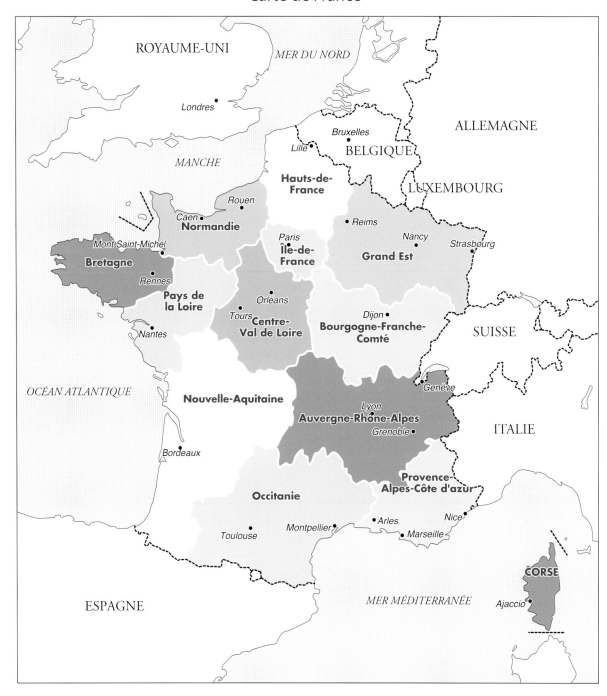

ROYAUME-UNI

MER DU NORD

ALLEMAGNE

Londres

Bruxelles

Lille

BELGIQUE

LUXEMBOURG

MANCHE

Hauts-de-France

Rouen

Caen

Normandie

Paris
Île-de-France

Reims

Nancy

Strasbourg

Grand Est

Mont Saint-Michel

Bretagne

Rennes

Pays de
la Loire

Orléans

Tours

Centre-
Val de Loire

Dijon

Bourgogne-Franche-Comté

SUISSE

Nantes

OCÉAN ATLANTIQUE

Nouvelle-Aquitaine

Genève

Lyon

Auvergne-Rhône-Alpes

Grenoble

ITALIE

Bordeaux

Provence-
Alpes-Côte d'azur

Occitanie

Arles

Nice

Toulouse

Montpellier

Marseille

CORSE

ESPAGNE

MER MÉDITERRANÉE

Ajaccio

フランスの地域圏（régions）は、2016年1月に22から
13に再編されました。またその後、Occitanie、Grand
Est、Nouvelle-Aquitaine、Hauts-de-France という新た
な名称も生まれました。上記の13の地域圏に加えて、さ
らに5つの海外地域圏—— Guadeloupe、Martinique、
Guyane、La Réunion、Mayotte——があります。

Carte du monde de la Francophonie

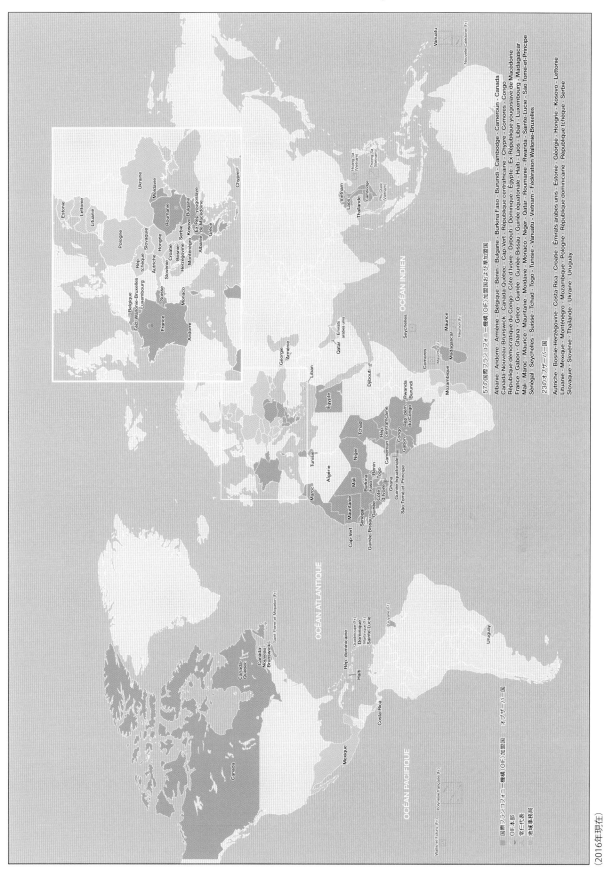

LES NOMBRES

1 un / une	2 deux	3 trois	4 quatre	5 cinq
6 six	7 sept	8 huit	9 neuf	10 dix
11 onze	12 douze	13 treize	14 quatorze	15 quinze
16 seize	17 dix-sept	18 dix-huit	19 dix-neuf	20 vingt
21 vingt et un(e)	22 vingt-deux	23 vingt-trois	24 vingt-quatre	25 vingt-cinq
26 vingt-six	27 vingt-sept	28 vingt-huit	29 vingt-neuf	30 trente
31 trente et un(e)	32 trente-deux	[...] 39 trente-neuf		40 quarante
41 quarante et un(e)	42 quarante-deux	[...] 49 quarante-neuf		50 cinquante
51 cinquante et un(e)	52 cinquante-deux	[...] 59 cinquante-neuf		60 soixante
61 soixante et un(e)	62 soixante-deux	[...] 69 soixante-neuf		70 soixante-dix
71 soixante et onze	72 soixante-douze	[...] 79 soixante-dix-neuf		80 quatre-vingt**s**
81 quatre-vingt-un(e)	82 quatre-vingt-deux	[...] 89 quatre-vingt-neuf		90 quatre-vingt-dix
91 quatre-vingt-onze	92 quatre-vingt-douze	[...] 99 quatre-vingt-dix-neuf		100 cent
101 cent un(e)	102 cent deux	[...] 199 cent quatre-vingt-dix-neuf		200 deux cent**s**
201 deux cent un(e)		[...]	1000 mille	
1001 mille un(e)	1789 mille sept cent quatre-vingt-neuf		2000 deux mille	
2001 deux mille un(e)	2025 deux mille vingt-cinq		10 000 dix mille	
100 000 cent mille	1 000 000 un million		10 000 000 dix million**s**	

Leçon 1

EXERCICE 1：主語を女性とみなして、文を書き換えましょう（3 と 5 は主語も変えて）。*Mettez au féminin.*

1. Je suis japonais.　　→ Je _____

2. Tu es canadien ?　　→ Tu _____

3. Il est lycéen.　　　　→ Elle _____

4. Vous êtes suisse ?　→ Vous _____

5. Il est étudiant.　　　→ Elle _____

EXERCICE 2：否定で答えましょう。*Répondez négativement.*

1. Tu es chinois ?　　　　　→ Non, je _____

2. Il est enseignant ?　　　→ Non, il _____

3. Vous êtes en droit ?　　→ Non, je _____

4. Elle est de Kumamoto ?　→ Non, elle _____

5. Tu es coréenne ?　　　　→ Non, je _____

EXERCICE 3：フランス語にしましょう。*Traduisez en français.*

1. 男：あなたはアメリカ人ですか？（vous で）

_____

　女：いいえ、わたしはアメリカ人ではありません。カナダ人です。

_____

2. 女：きみは大学生？（tu で）

_____

　男：うん、大学生だよ。きみは？

_____

　女：わたしも大学生。文学部なの。

_____

3. 女：わたしは大阪出身ではありません。あなたは？（vous で）

_____

　男：ぼくも大阪出身ではありません。京都出身です。

_____

Leçon 2

EXERCICE 1 : 動詞を活用させましょう。 *Conjuguez les verbes.*

1. travailler : Je ne _____ pas.

2. habiter : Est-ce que vous _____ à Tokushima ?

3. parler : Il _____ japonais et anglais.

4. étudier : Nous _____ le français.

5. habiter : Elles n' _____ pas à Sapporo.

6. travailler : Tu _____ ?

EXERCICE 2 : 下線部に適当な語 (句) を書き入れ、対話を完成させましょう。 *Complétez les phrases.*

1. Tu n'étudies pas le français ?

— _____, j'étudie le français. Et toi ?

_____, j'étudie le français.

2. Vous n'habitez pas à Gifu ?

— _____, je n'habite pas à Gifu. Et vous ?

_____, je n'habite pas à Gifu.

3. Tu parles espagnol ?

— _____, je parle espagnol. Et toi ?

_____, je ne parle pas espagnol.

4. Est-ce que vous travaillez ?

— _____, je ne travaille pas. Et vous ?

_____, je travaille.

EXERCICE 3 : フランス語にしましょう。 *Traduisez en français.*

女：日本語話す？（tu で）_____

男：いや、日本語は話さない。きみは？ _____

女：わたしは日本語話すよ。日本人なの。日本語、勉強してないの？

_____

男：うん、日本語は勉強してない。韓国語を勉強してるんだ。

_____

Leçon 3

EXERCICE 1 : 動詞を活用させましょう。 *Conjuguez les verbes.*

1. aimer : Je n'_____ pas le rugby.

2. préférer : Elles _____ la viande.

3. adorer : Il _____ le football.

4. détester : Nous _____ les maths.

5. préférer : Vous _____ la montagne ?

6. aimer : Tu _____ le théâtre ?

EXERCICE 2 : 例にならって、問いと答えを書き入れましょう。*Formulez des questions et des réponses comme dans l'exemple.*

Ex : sport / ☺ ☺ ☺
Tu aimes le sport ? — Oui, j'adore ça.

1. opéra / ☹

_____ ? — Non, _____

2. musées / ☺ ☺

_____ ? — Oui, _____

3. café / ☹ ☹ ☹

_____ ? — Non, _____

4. lecture / ☺ ☺ ☺

_____ ? — Oui, _____

5. anglais / ☹ ☹

_____ ? — Non, _____

EXERCICE 3 : フランス語にしましょう。*Traduisez en français.*

男：あなたはサッカーは好きですか？（vous で）

_____

女：はい、（それが）好きですが野球のほうが好きです。あなたは？

_____

男：わたしは（それが）大好きです！おもしろいです！

_____

soixante-quinze **75**

LEÇON 4

EXERCICE 1 : 各文を、3 通りのフランス語 (①〜③) にして、ノートに書きましょう。

Écrivez les 3 types de question sur votre cahier.

① くだけた形＝主語は tu　　② 標準的な形＝（ここでは）主語は tu　　③ ていねいな形＝主語は vous

1. バイトしてますか（働いてますか）？

2. ラグビーは好きですか？

3. だれと住んでますか？

4. 出身はどこですか？

5. どこで夕食をとりますか？

6. だれと勉強してますか？

EXERCICE 2 : 各文を、指示された日本語の表現と組み合わせて、書き換えましょう。*Transformez les phrases.*

1. Je parle français. (〜するのが好きだ)

　→ ....

2. Je déjeune avec des amis. (〜するのが好きだ)

　→ ....

3. J'étudie le chinois. (できれば〜したい)

　→ ....

4. J'habite près d'ici. (できれば〜したい)

　→ ....

EXERCICE 3 : フランス語にしましょう。*Traduisez en français.*

1. 男：どこで仕事してますか？（vous で）

　..

　女：お店で仕事しています。おもしろいけど、疲れます。あなたは？

　..

　男：ぼくは、仕事はしていませんが、できれば塾で働きたいです、だってお給料がいいから。

　..

2. 男：ふだん、昼ごはんはだれと食べるの？（tu で）

　..

　女：友だちと食べるの、楽しいから。ふだんはどこで食べるの？

　..

　男：教室で食べるけど、できれば家で食べたいな。きみは？

　..

　女：わたしは、学食で食べるよ、高くないからね。

　..

EXERCICE 1 : avoir を活用させましょう。*Conjuguez le verbe « avoir ».*

1. Vous _____ quel âge ?

2. J' _____ 18 ans.

3. Nous _____ un chien.

4. Ils n' _____ pas de voiture.

5. Tu _____ des frères et sœurs ?

6. Elle _____ quel âge ?

EXERCICE 2 : 否定形にして、全文を書き換えましょう。*Transformez en phrases négatives.*

1. J'ai un ordinateur.

   → _____

2. Il a une liseuse.

   → _____

3. Nous avons des amis français.

   → _____

3. Elle a un smartphone.

   → _____

5. Vous avez des frères et sœurs.

   → _____

EXERCICE 3 : フランス語にしましょう。*Traduisez en français.*

1. 女：コンピュータ、持っていますか？（vous で）

   _____

   男：いいえ、コンピュータは持っていません、でもタブレットは持っています。あなたは？

   _____

   女：わたしは、コンピュータは持っていますが、タブレットは持っていません。高いので。

   _____

2. 男：何歳？（tu で）

   _____

   女：19歳。あなたは？

   _____

   男：ぼくも、19歳。何年生？

   _____

   女：1年生。法学部で、フランス語を勉強してるよ。

   _____

EXERCICE 1 : être, avoir, s'appeler, faire から適当なものを選び、活用させましょう。
Conjuquez le verbe « être », « avoir », « s'appeler » ou « faire ».

1. Vous ＿＿＿＿＿＿＿＿＿ comment ?

2. Je ＿＿＿＿＿＿ Rei. Je ＿＿＿＿ étudiant.

3. Tu ＿＿＿＿ quoi dans la vie ?

4. J'＿＿＿＿ une sœur. Elle ＿＿＿＿＿＿＿ Mako.

5. Qu'est-ce que vous ＿＿＿＿ dans la vie ?

6. Ma mère ＿＿＿＿ un chien. Il ＿＿＿＿ mignon.

EXERCICE 2 : 下線部を代名詞にして、全文を書き換えましょう。 *Remplacez la partie soulignée par un pronom.*

1. J'adore mon frère. ＿＿＿＿＿＿＿＿＿＿＿＿＿＿＿＿

2. J'adore le basketball. ＿＿＿＿＿＿＿＿＿＿＿＿＿＿

3. Je déteste ma petite sœur. ＿＿＿＿＿＿＿＿＿＿＿

4. Je déteste la musique classique. ＿＿＿＿＿＿＿＿

5. J'aime beaucoup mes parents. ＿＿＿＿＿＿＿＿＿＿

6. J'aime beaucoup les musées. ＿＿＿＿＿＿＿＿＿＿＿

EXERCICE 3 : フランス語にしましょう。 *Traduisez en français.*

A : 兄弟姉妹はいる？（tu で）＿＿＿＿＿＿＿＿＿＿＿＿＿＿

B : いるよ、弟と姉が。＿＿＿＿＿＿＿＿＿＿＿＿＿＿＿＿

A : お姉さん、何て名前？＿＿＿＿＿＿＿＿＿＿＿＿＿＿＿

B : ユミっていうの。24 歳。＿＿＿＿＿＿＿＿＿＿＿＿＿

A : 仕事は何してるの？＿＿＿＿＿＿＿＿＿＿＿＿＿＿＿＿

B : 会社員だよ。＿＿＿＿＿＿＿＿＿＿＿＿＿＿＿＿＿＿

A : お姉さん好き？＿＿＿＿＿＿＿＿＿＿＿＿＿＿＿＿＿

B : うん、（彼女が）大好き！ おしゃべりだけど楽しいの。

＿＿＿＿＿＿＿＿＿＿＿＿＿＿＿＿＿＿＿＿＿＿＿＿＿＿＿

LEÇON 7

EXERCICE 1 : カッコ内の動詞を活用させましょう。*Conjuguez les verbes.*

1. Mon père (lire) _____ des romans.

2. Le dimanche matin, je (dormir) _____ .

3. Vous (sortir) _____ le samedi soir.

4. Tu (écouter) _____ de la musique ?

5. Nous (rester) _____ à la maison.

6. Elles (faire) _____ du football.

7. Elle (voir) _____ son ami.

8. Ma mère (faire) _____ du shopping.

EXERCICE 2 : 否定形で答えましょう。*Répondez négativement.*

1. Ton frère fait de l'athlétisme ? — Non, _____

2. Tu fais de la guitare ? — Non, _____

3. Tu regardes la télé ? — Non, _____

4. Tes parents aiment le tennis ? — Non, _____

5. Tu vois des amis ? — Non, _____

6. Ta sœur travaille dans un café ? — Non, _____

7. Tu sors avec des amis ? — Non, _____

8. Ta mère a un ordinateur ? — Non, _____

9. Tu es coréen(ne) ? — Non, _____

10. Ton père lit des mangas ? — Non, _____

EXERCICE 3 : フランス語にしましょう。 *Traduisez en français.*

1. *A :* スポーツしてる？（tu で）

_____

B : うん、サッカーしてる。きみは？

_____

A : ぼくは、スポーツはしてないけど、水泳をしたいんだ、健康にいいから。

_____

2. *A :* ふだん土曜日は何をしていますか？（vous で）

_____

B : 家にいます。勉強をするか、テレビを見ます。あなたは？

_____

A : わたしは、レストランで働いてますが、できれば友だちと出かけたいです。

_____

LEÇON 8

EXERCICE 1 : 下線部に、適当な冠詞（否定の de 含む）を書き入れましょう。*Complétez.*

1. Le matin, je mange _____ riz avec _____ poisson, _____ œuf et _____ soupe de miso ou _____ pain avec _____ confiture et _____ banane.

2. À midi, je ne mange pas _____ viande. Je mange _____ nouilles chinoises. Je ne bois pas _____ café. Je bois _____ eau ou _____ thé.

3. Ma sœur adore _____ yaourt. Elle mange _____ yaourt tous les jours. Moi, je préfère _____ fruits. Je mange _____ fruits le matin.

4. Mon père ne boit pas _____ alcool parce qu'il n'aime pas _____ alcool.

5. Tu aimes _____ café ? — Non, je préfère _____ thé. Je bois souvent _____ thé.

EXERCICE 2 : 下線部を代名詞にして、全文を書き換えましょう。*Remplacez la partie soulignée par un pronom.*

1. Tu aimes le café ? _____

2. Tu bois du café le matin ? _____

3. Elle n'aime pas la viande. _____

4. Elle ne mange jamais de viande. _____

5. J'aimerais manger des fruits. _____

6. J'aimerais boire du thé. _____

EXERCICE 3 : フランス語にしましょう。*Traduisez en français.*

A : コーヒー好き？（tu で）

_____

B : うん（それが）大好き。朝にしょっちゅう飲むよ。きみは？

_____

A : ぼくは（それが）きらいなんだ。（それを）まったく飲まない。朝は何食べるの？

_____

B : ヨーグルトと一緒に菓子パンを食べるんだ。ヨーグルドはよく食べる？

_____

A : うん、（それを）ときどき食べるよ。

_____

LEÇON 9

EXERCICE 1 : 下線部に、適当な語（句）を書き入れましょう。*Complétez.*

1. Le samedi, elle va _____ piscine et le dimanche, elle va _____ auto-école.

2. En août, je vais _____ mes grands-parents _____ Toyama et en septembre, je vais _____ étranger ou je voyage _____ le Japon.

3. Tu vas _____ mer ou _____ montagne ?

4. Vous allez _____ cinéma ou _____ bibliothèque ?

5. En semaine, mes parents vont _____ travail et le week-end, ils restent _____ maison.

EXERCICE 2 : 下線部を代名詞にして、全文を書き換えましょう。*Remplacez la partie soulignée par un pronom.*

1. Je vais au supermarché à pied. _____

2. Je ne vais pas chez des amis. _____

3. J'aimerais aller à l'étranger. _____

4. Je vais à l'université en métro. _____

5. J'aimerais aller à Tottori. _____

EXERCICE 3 : フランス語にしましょう。*Traduisez en français.*

A : ふだん、火曜はどこ行くの？（tu で）

_____

B : 午前中はここに来て、午後は仕事に行くよ。

_____

A : ここへはどうやって来るの？

_____

B : 電車と、地下鉄と徒歩で来るんだけど、できれば車で来たいんだ。きみは？

_____

A : ぼくは、ここに歩いてくるんだ、（ここの）近くに住んでるからね。で、仕事にはどうやって行くの？

_____

B : 自転車で（そこに）行くんだ。気持ちいいから。

_____

Leçon 10

EXERCICE 1 : 代名詞を使って、質問に答えましょう。*Répondez aux questions en utilisant un pronom.*

1. Tu fais la cuisine ? — Oui, _____

2. Tu aimes la cuisine française ? — Oui, _____

3. Tu écoutes de la musique pop ? — Oui, _____

4. Tu aimes la musique pop ? — Non, _____

5. Tu fais du sport ? — Non, _____

6. Tu aimes le sport ? — Non, _____

7. Tu téléphones à tes parents ? — Oui, _____

8. Tu aimes bien tes parents ? — Oui, _____

9. Tu écris à ta mère ? — Non, _____

10. Tu aimes bien ta mère ? — Oui, _____

EXERCICE 2 : カッコ内の動詞を活用させましょう。*Conjuguez les verbes.*

1. se lever : je _____ 2. se coucher : tu _____

3. s'habiller : il _____ 4. se lever : nous _____

5. s'appeler : vous _____ 6. se doucher : elles _____

EXERCICE 3 : フランス語にしましょう。*Traduisez en français.*

A : 月曜は早く起きる？（tu で）

_____

B : いや、早くは起きない、3 時間目の授業だから。きみは？

_____

A : わたしは早く起きる、掃除するから。

_____

B : しょっちゅう掃除するの？

_____

A : うん、週 3 回するよ、ひとり暮らしだから。あなたは？

_____

B : ぼくは、ぜんぜんしない、（それが）好きじゃないから！　で、両親にはしょっちゅう電話する？

_____

A : うん、週末に（彼らに）電話するよ。

_____

EXERCICE 1 : それぞれの時刻を書きましょう（12 時間制）。*Écrivez l'heure.*

1. 6h00 : _____
2. 21h15 : _____

3. 13h30 : _____
4. 7h40 : _____

5. 15h45 : _____
6. 22h50 : _____

7. 00h05 : _____
8. 12h10 : _____

EXERCICE 2 : それぞれの動詞を、現在形と近い未来に活用させましょう。*Conjuguez au présent et au futur proche.*

1. partir : je _____ / je _____

2. finir : tu _____ / tu _____

3. aller : il _____ / il _____

4. venir : nous _____ / nous _____

5. faire : vous _____ / vous _____

6. écrire : elles _____ / elles _____

7. se lever : je _____ / je _____

8. se coucher : tu _____ / tu _____

EXERCICE 3 : フランス語にしましょう。*Traduisez en français.*

1. *A* : 1 月 1 日には何をするつもりですか？（vous で）

   _____

   B : おせちを食べて、家族と初詣に行くつもりです。あなたは？

   _____

   A : わたしは、友達と出かけて、遅く寝るつもりです。

   _____

2. *A* : 金曜は何時に起きる？（tu で）

   _____

   B : 11 時頃起きるよ、授業がないから。きみは？

   _____

   A : 1 時間目に授業があるから、6 時半に起きるけど、できればお昼に起きたいな！

   _____

   B : で、明日は何時に起きるつもり？

   _____

   A : 8 時に起きるつもり。ここに来て、勉強するつもりなんだ。

   _____

EXERCICE 1 : 例にならって、文を完成させましょう。 *Faites des phrases comme dans l'exemple.*

Ex : la France / Paris → Je veux aller en France, à Paris.

1. le Sénégal / Dakar → ....

2. la Belgique / Bruxelles → ....

3. les Pays-Bas / Amsterdam → ....

4. l'Inde / New Delhi → ....

5. la Tunisie / Tunis → ....

EXERCICE 2 : それぞれの動詞を、3通りの命令形にしましょう。 *Mettez les verbes à l'impératif.*

1. regarder → ....

2. aller → ....

3. partir → ....

4. se lever → ....

5. se coucher → ....

EXERCICE 3 : フランス語にしましょう。 *Traduisez en français.*

A : 春休みはどこに行きたい？（tu で）

....

B : イギリスの、ロンドンに行きたい。

....

A : ロンドンは、2月はどんな天気？

....

B : ぼくの考えでは、寒くて、時々雨が降る。きみは？

....

A : ぼくはね、ブラジルの、リオデジャネイロに行きたい。

....

B : リオデジャネイロは、冬はどんな天気？

....

A : ぼくの考えでは、とても天気がよくて、とても暑いよ。

....

LEÇON 13

EXERCICE 1 : それぞれの動詞を、複合過去形に変えましょう。 *Conjuguez les verbes au passé composé.*

1. travailler → j' _____
2. étudier → tu _____
3. aller → elle _____
4. prendre → nous _____
5. faire → vous _____
6. venir → ils _____
7. rester → je _____
8. lire → tu _____
9. voir → on _____
10. dormir → nous _____
11. boire → vous _____
12. sortir → elles _____

EXERCICE 2 : 否定形で答えましょう。 *Répondez négativement.*

1. Ton père est allé au travail ce week-end ?

   → Non, _____

2. Tu as pris ton petit déjeuner ce matin ?

   → Non, _____

3. Tes parents ont bu de l'alcool hier soir ?

   → Non, _____

4. Ta mère a lu le journal ce matin ?

   → Non, _____

5. Tu as vu des amis ce week-end ?

   → Non, _____

EXERCICE 3 : フランス語にしましょう。 *Traduisez en français.*

男：この前の夏、ヴァカンスに出かけた？（tu で）

_____

女：うん、ヴァカンスに出かけたよ。7月に、家族と北海道に行ったの。観光して、地元の名物を食べた。

_____

男：ああ、そう！　どうだった？

_____

女：楽しかったよ。あなたは？

_____

男：ぼくは広島にいて、仕事をしたよ。疲れたし、退屈だった！

_____

EXERCICE 1 : それぞれの動詞を、複合過去形に変えましょう。 *Conjuguez les verbes au passé composé.*

1. se lever   → tu _____

2. se coucher   → je _____

3. se reposer   → nous _____

4. se doucher   → elle _____

5. s'amuser   → ils _____

6. se baigner   → vous _____

EXERCICE 2 : 以下の語や記号を並べ替えて、文を完成させましょう。 *Mettez dans le bon ordre.*

1. 昨夜、彼女は頭が痛かったので、早く寝ました。
avait / à / parce / la / Hier / est / elle / , / mal / couchée / soir / tôt / elle / s' / tête / qu' / .

_____

2. 今朝、遅刻していたので、朝食をとりませんでした。
parce / ai / je / j' / petit / en / matin / mon / n' / pris / Ce / , / retard / que / pas / déjeuner / étais / .

_____

3. 土曜日、彼らは授業がなかったので、遅く起きました。
levés / avaient / se / ils / ils / cours / Samedi / pas / tard / , / sont / parce / . / qu' / n'

_____

EXERCICE 3 : フランス語にしましょう。 *Traduisez en français.*

男：今朝、何時に起きた？(tu で)

_____

女：お昼に起きた、授業がなかったから。あなたは？

_____

男：ぼくは、7時に起きたよ、1時間目の授業があったから。何したの？

_____

女：家にいて、ゆっくりした、疲れてたから。

_____

男：で、昨日の夜は何した？

_____

女：8時半ごろ家に帰ってきた。まずは晩ご飯を食べた。それから、テレビを見た。で、シャワーを浴びた。
その後、宿題をやった。最後に11時半ごろ寝たよ。

_____

DIALOGUE の和訳例

■活用のヒント　①和訳例を見ながら音声を聞く　②和訳例を見ながら音声を聞き、シャドウイング練習をする
　　　　　　　③和訳例をフランス語にしてみる

LEÇON 1 (p.17)

Lucas(リュカ)：やあ！　きみはフランス人？

Julie(ジュリー)：そう、フランス人。きみは？

Lucas(リュカ)：ぼくもフランス人だよ。マルセイユ出身なんだ。

Julie(ジュリー)：そうなんだ！　わたしはね、パリ出身なの。きみは学生なの？

Lucas(リュカ)：そう、学生だよ。きみは？

Julie(ジュリー)：わたしも学生。で、きみは英語学科？

Lucas(リュカ)：いや、ぼくは英語学科じゃない。きみは？

Julie(ジュリー)：わたしもちがう、英語学科じゃない。史学科なの。

LEÇON 2 (p.21)

Chris(クリス)：フランス語話せる？

Miho(ミホ)：うん、フランス語少し話せる。フランス語と英語を勉強してるの。きみは日本語話せる？

Chris(クリス)：いや、ぼくは日本語話せないんだ。で、きみは東京で勉強してるの？

Miho(ミホ)：いや、東京で勉強してるんじゃない。横浜で勉強してるの。

Chris(クリス)：東京に住んでないんだね、じゃあ？

Miho(ミホ)：いや、東京に住んでるよ。きみは？

Chris(クリス)：ぼくも東京に住んでる。ところで、バイトはしてる？

Miho(ミホ)：うん、バイトしてる。きみは？

Chris(クリス)：ぼくはね、バイトしてない。

Miho(ミホ)：そうなんだ！

LEÇON 3 (p.25)

Jean(ジャン)：レア、サッカーは好き？

Léa(レア)：うん、好き。楽しいよね。きみは？

Jean(ジャン)：ぼくもとっても好き、でもラグビーのほうが好きなんだ。

Léa(レア)：ラグビー？　わたし、あれきらい！　退屈だよ。ところで、映画は好き？

Jean(ジャン)：うん、とっても好きだよ。日本映画が大好きで、でもアメリカ映画は好きじゃない。おもしろくないよ。

Léa(レア)：わたしも好きじゃない！　フランス映画の方が好き！

LEÇON 4 (p.29)

Sophie(ソフィ)：ジュン、きみはどこに住んでるの？

Jun(ジュン)：ぼくは千葉に住んでるんだ、でもできればこの近くに住みたいよ。きみは？

Sophie(ソフィ)：わたしはね、横浜に住んでるの。で、きみは誰と住んでるの？

Jun(ジュン)：一人暮らしさ、ぼくは新潟出身だから。ところでソフィ、バイトはどこでしてるの？

Sophie(ソフィ)：バイトはしてない、でもできれば本屋さんでバイトしたいな、本読むの大好きだから。

Jun(ジュン)：そうなんだ！ぼくも大好きだよ。で、ふだん誰とランチしてるの？

Sophie(ソフィ)：一人でか、友だちと一緒にランチしてる。

Jun(ジュン)：できればきみとランチしたいな！

Sophie(ソフィ)：喜んで！

LEÇON 5 (p.33)

Nami(ナミ)：ルイ、きみは何歳？

Louis(ルイ)：ぼくは18歳。きみは？

Nami(ナミ)：わたしはね、19歳。で、きみは何年生？

Louis(ルイ)：ぼくは1年生。きみは1年生じゃないの？

Nami(ナミ)：いや、1年生だよ。ところで、兄弟姉妹はいる？

Louis(ルイ)：うん、妹が一人いる。

Nami(ナミ)：何歳？

Louis(ルイ)：14歳で、高校生。

Nami(ナミ)：わたしはね、一人っ子なんだけど、イヌを2匹飼ってるの。

Louis(ルイ)：いいな！ぼくはね、イヌ飼えないんだ、マンションに住んでるから。

LEÇON 6 (p.37)

Théo(テオ)：アヤ、兄弟姉妹はいるの？

Aya(アヤ)：いいえ、わたし一人っ子なの。きみは？

Théo(テオ)：ぼくはね、兄が一人いるんだ。

Aya(アヤ)：そうなんだ！きみのお兄さん、名前なんていうの？

Théo(テオ)：アレックスだよ。

Aya(アヤ)：何歳？

Théo(テオ)：31歳。

Aya(アヤ)：仕事は何してるの？

Théo(テオ)：フランスの企業で働いてる。ぼくは彼が大好きなんだ！

Aya(アヤ)：彼ってどんな感じ？

Théo(テオ)：イケメンで、頭がよくて、おもしろいよ。

Aya(アヤ)：そうなんだ！できればきみのお兄さんに会いたいな！

LEÇON 7 (p.41)

Tomoya(トモヤ)：クロエ、スポーツはする？

Chloé(クロエ)：うん、土曜の午前中、サイクリングしてる。大好きなの！ きみは？

Tomoya(トモヤ)：ぼくはね、スポーツはしてないんだ、時間がないから、でもできれば水泳がしたいな。

Chloé(クロエ)：じゃあ、ふだん土曜は何するの？

Tomoya(トモヤ)：一日中バイトしてる！

Chloé(クロエ)：おやおや！ で、日曜は、ふだん何するの？

Tomoya(トモヤ)：午前中は寝てる。午後は、友だちと会ったり、買い物したり、で夜には、テレビを見るかマンガを読むかだね。

Chloé(クロエ)：わたしはね、土曜の夜は宿題をするの……　宿題はしないの？

Tomoya(トモヤ)：いや、いや！ フランス語の勉強してるよ！

LEÇON 8 (p.45)

Pierre(ピエール)：魚は好き？

Mikako(ミカコ)：うん、好きだよ、でも肉のほうが好き。

Pierre(ピエール)：そうなんだ！ で、しょっちゅう肉食べる？

Mikako(ミカコ)：うん、時々食べるけど、できれば毎日食べたいな！ きみは、ピエール？

Pierre(ピエール)：ぼくはね、しょっちゅう食べるわけじゃない、魚のほうが好きだから。ところで、朝は何食べる？

Mikako(ミカコ)：ごはんを食べるの、卵一個と、納豆、みそ汁と一緒に、で水とかお茶を飲む。納豆が大好きなの！ きみは？

Pierre(ピエール)：ぼくはね、ジャムと一緒にパンを食べて、コーヒーを飲むけど、週日は何も食べない、時間がないからね。

LEÇON 9 (p.49)

Hiro(ヒロ)：サラ、ふだん土曜日はどこ行くの？

Sarah(サラ)：午前中はここに来るでしょ、授業があるからか。午後はここに残って、サークルの仲間とテニスする。
夜は、映画かプールに行くの。きみは？

Hiro(ヒロ)：僕も午前中はここにきて、午後はバイトに行く。

Sarah(サラ)：そうなんだ！ バイトにはどうやって行くの？

Hiro(ヒロ)：メトロと電車と歩きで行くんだ、でもできればタクシーで行きたいね！　……ところで、映画はしょっちゅう行く？

Sarah(サラ)：うん、月に 1、2回行くよ。大好きなの！

Hiro(ヒロ)：で、誰と行くの？

Sarah(サラ)：ふだんは、カレシと行くの。

Hiro(ヒロ)：ああ、なるほどね…

Leçon 10 (p.53)

Gilles（ジル）：ねえ、ユカ、月曜は早く起きる？

Yuka（ユカ）：うん、早く起きるよ、1限目に授業があるから、でもできればゆっくり起きたいよ！ きみは？

Gilles（ジル）：ぼくはね、ゆっくり起きて、休むんだ、日曜の夜は、とっても遅く寝るから。

Yuka（ユカ）：そうなんだ！ 日曜の夜はふだん何するの？

Gilles（ジル）：バイトして、家に帰って、料理して、晩ご飯食べて、シャワー浴びて、テレビを見るよ。

Yuka（ユカ）：そうなんだ！ 料理はしょっちゅうするの？

Gilles（ジル）：うん、毎日するよ、両親はトゥールーズに住んでるから。

Yuka（ユカ）：わたしはぜんぜんしない、好きじゃないから！ で、ご両親にはしょっちゅう電話する？

Gilles（ジル）：いや、しょっちゅうは電話しないね、でも週に1回は手紙（メール）を書くよ。

Leçon 11 (p.57)

Shinji（シンジ）：マノン、クリスマス休暇には何するつもり？

Manon（マノン）：ソウルに行くつもりなの。観光して、ご当地グルメを食べるんだ。

Shinji（シンジ）：いいな！ いつそこにいくの？

Manon（マノン）：1月の4日から7日まで行く予定。で、きみは、どこに行く予定？

Shinji（シンジ）：ぼくはね、ここに残るつもり、バイトする予定だから、でも春休みには、パリに行くんだ！

Manon（マノン）：いいね！ で12月31日もバイトするの？

Shinji（シンジ）：いや、バイトはしないつもり。母親と料理して、テレビ見て、蕎麦を食べるつもりなんだ。

Manon（マノン）：わたしはね、友だちと出かける予定なの。ひと晩中楽しむんだ！

Leçon 12 (p.61)

Emma（エマ）：リク、春休みにはどこに行きたい？

Riku（リク）：フランス、パリに行きたい。ねえ、パリでは2月はどんな天気？

Emma（エマ）：ふだんは、寒くて、しょっちゅう雨が降るよ。

Riku（リク）：そうなんだ……　で、パリでは何ができる？

Emma（エマ）：パリのいい景色が見たいなら、エッフェル塔のてっぺんに上りなよ。

　　　　　そしてもし時間があれば、セーヌ河岸を散歩しなよ……　ところで、出身はどこ、リク？

Riku（リク）：ぼくは札幌出身なんだ。

Emma（エマ）：そうなんだ！ 札幌では冬にどんな天気？

Riku（リク）：とっても寒くて、しょっちゅう雪が降る。

Emma（エマ）：札幌では何ができるの？

Riku（リク）：2月には、雪まつりに行けるでしょ。で、もしきみが動物好きなら、電車に乗って、旭山動物園に行きなよ！

Emma（エマ）：それいいね！

Leçon 13 (p.65)

Nathan(ナタン)：ねえ、ミドリ、去年の夏には何したの？

Midori(ミドリ)：7月は、東京にいて勉強したんだ、でも8月には、ヴァカンスに出かけたよ！

Nathan(ナタン)：そうなんだ！ どこ行ったの？

Midori(ミドリ)：イギリス、ロンドンに行ったの、友だちと一緒に。買い物をして、写真を撮って、ミュージカルを見たんだ。

Nathan(ナタン)：いいな！ どうだった？

Midori(ミドリ)：とってもおもしろかったけど、疲れた！

Nathan(ナタン)：フランスは訪れなかったの？

Midori(ミドリ)：ううん、ユーロスターに乗って、パリに行ったよ。ご当地グルメを食べて、エッフェル塔に行ったの。

Nathan(ナタン)：それいいね！ どうだった？

Midori(ミドリ)：すごくよかったよ！ で、きみは、ナタン、何したの？

Nathan(ナタン)：ぼくはね、夏中ずっとバイトしたんだ、お金がなかったから！

Leçon 14 (p.69)

Thomas(トマ)：やあ、キョウコ、元気？

Kyoko(キョウコ)：べつに！ わたし疲れてるの、昨日の夜遅く寝たから。

Thomas(トマ)：そうなんだ！ 何時に寝たの？

Kyoko(キョウコ)：午前2時に寝たの。

Thomas(トマ)：おやおや！ でも、昨日の夜、何したんだい？

Kyoko(キョウコ)：6時に大学を出たの、5限目まであったから。まず池袋に行って、バイトした。それから家に帰って、晩ご飯食べた。

　　　　それから、シャワーを浴びて、勉強した、今朝フランス語の試験があったからね。で、やっと、寝たわけ。

Thomas(トマ)：で試験、どうだった？

Kyoko(キョウコ)：長くて難しかった……。

Thomas(トマ)：家に帰って早く寝なよ！

著者紹介
レナ・ジュンタ（Léna Giunta）
　　早稲田大学、慶應義塾大学非常勤講師
　　著書：教科書に『クワ・ドゥ・ヌフ？』（共著、白水社）、参考書
　　に『ハートにビビッとフランス語』『清岡＆レナ式　フランス語
　　初級卒業講座』（共著、ともにNHK出版）がある。

清岡智比古（きよおか・ともひこ）
　　明治大学理工学部教授
　　主要著書：『フランス語をはじめたい！』（SB新書）、教科書に『ボ
　　ンボン・ショコラ』『ル・フランセ・クレール』（ともに白水社）、
　　『クワ・ドゥ・ヌフ？』（共著、白水社）、参考書に『フラ語動詞、
　　こんなにわかっていいかしら？』『フラ語入門、わかりやすいに
　　もホドがある！』（ともに白水社）、『ハートにビビッとフランス語』
　　『清岡＆レナ式フランス語初級卒業講座』（共著、ともにNHK出版）
　　などがある。

ぜんぶ話して！［改訂版］

2021年2月10日　第1刷発行
2024年3月10日　第5刷発行

著　者ⓒレ　ナ・ジュンタ
　　　　　清　岡　智　比　古
発行者　岩　堀　雅　己
印刷所　株式会社三秀舎

〒101-0052 東京都千代田区神田小川町3の24
発行所　電話 03-3291-7811（営業部），7821（編集部）　株式会社白水社
　　　　www.hakusuisha.co.jp
　　　　乱丁・落丁本は送料小社負担にてお取り替えいたします。

振替　00190-5-33228　　Printed in Japan　　誠製本株式会社
ISBN978-4-560-06140-4

刊行以来 20 万部を誇るロングセラー

フランス語の ABC [新版]

数江譲治［著］

わかりやすくて詳しい初級文法の名著．音声アプリ＆カナ表記で発音を
サポート，練習問題・単語集・索引付きの一生モノのリファレンス．

（2色刷）四六判　274頁　定価2420円（本体2200円）【音声アプリあり】

会話＋文法◆入門書の決定版がパワーアップ

ニューエクスプレスプラス　フランス語

東郷雄二［著］

フランス語の世界へようこそ！　きっかけはなんであっても，大事なの
は最初の一歩．言葉の扉の向こうには新しい世界が待っています．音声
アプリあり．

（2色刷）A5判　159頁　定価2090円（本体1900円）【CD付】

売れすぎるにもホドがある！

フラ語入門、わかりやすいにも
ホドがある！ [改訂新版]

清岡智比古［著］

こんな楽しい入門書あり？　でもやっぱり，オベンキョーは楽しくない
とね．で，楽しい！　→　続けられるわたしってスゴイ！　これですね！

（2色刷）A5判　197頁　定価1760円（本体1600円）【CD付】【音声アプリあり】

重版にあたり，価格が変更になることがありますので，ご了承ください．

入門・文法

ひとりでも学べるフランス語
中村敦子 [著]　　　　　　　　　　【音声アプリあり】
独習でも「わかった」「発音できる」という実感.
(2色刷) A5判　190頁　定価2310円 (本体2100円)

アクション！ フランス語 A1
根木昭英／野澤督／G. ヴェスィエール [著]
ヨーロッパスタンダード.　　　【音声ダウンロードあり】
(2色刷) A5判　151頁　定価2420円 (本体2200円)

みんなの疑問に答える つぶやきのフランス語文法
田中善英 [著]　　フランス語学習を徹底サポート.
(2色刷) A5判　273頁　定価2860円 (本体2600円)

問題集

フラ語問題集、なんか楽しいかも！
清岡智比古 [著]　　　　　　　　【音声ダウンロードあり】
(2色刷) A5判　218頁　定価2090円 (本体1900円)

1日5題文法ドリル つぶやきのフランス語
田中善英 [著]　　日常生活で使える1500題.
四六判　247頁　定価2090円 (本体1900円)

フランス文法はじめての練習帳
中村敦子 [著]　　まずはこの一冊をやりきろう！
A5判　186頁　定価1760円 (本体1600円)

15日間フランス文法おさらい帳 [改訂版]
中村敦子 [著]　　ドリル式で苦手項目を克服！
A5判　163頁　定価1980円 (本体1800円)

仏検対策 5級問題集 三訂版　　【CD付】
小倉博史／モーリス・ジャケ／舟杉真一 [編著]
A5判　127頁　定価1980円 (本体1800円)

仏検対策 4級問題集 三訂版　　【CD付】
小倉博史／モーリス・ジャケ／舟杉真一 [編著]
A5判　147頁　定価2090円 (本体1900円)

仏検対策 3級問題集 三訂版　　【CD付】
小倉博史／モーリス・ジャケ／舟杉真一 [編著]
A5判　198頁　定価2200円 (本体2000円)

動詞活用

フラ語動詞、こんなにわかっていいかしら？ [増補新版]
清岡智比古 [著]　　　　　　　　【音声ダウンロードあり】
(2色刷) A5判　158頁　定価1760円 (本体1600円)

徹底整理 フランス語動詞活用 55
高橋信良／久保田剛史 [著]　　【音声ダウンロードあり】
(2色刷) A5判　134頁　定価1980円 (本体1800円)

フランス語動詞完全攻略ドリル
岩根久／渡辺貴規子 [著] 1500問をコツコツこなす.
A5判　189頁　定価2200円 (本体2000円)

発音・会話

はじめての声に出すフランス語
高岡優希／ジャン=ノエル・ポレ／富本ジャニナ [著]
語学の独習は最初が肝心！　　　　　　　【CD付】
A5判　108頁　定価1980円 (本体1800円)

声に出すフランス語 即答練習ドリル 初級編
　　　　　　　　　　　　　　　【音声ダウンロードあり】
高岡優希／ジャン=ノエル・ポレ／富本ジャニナ [著]
A5判　122頁　定価2420円 (本体2200円)

やさしくはじめるフランス語リスニング
大塚陽子／佐藤クリスティーヌ [著]
リスニングのはじめの一歩を.　　【音声アプリあり】
(一部2色刷) A5判　117頁　定価2310円 (本体2100円)

中級を目指す 60トピックで鍛える フランス語リスニング
フローラン・ジレル・ボニニ [著]
多聴に最適！　　　　　　　　　【音声ダウンロードあり】
A5判　150頁　定価2640円 (本体2400円)

サクサク話せる！ フランス語会話
フローラン・ジレル・ボニニ [著]
ネイティブとの会話は怖くない！ 【音声アプリあり】
A5判　146頁　定価2530円 (本体2300円)

日記・作文

フランス語で日記をつけよう
長野督 [著]　　毎日「ちょこっと」で実力アップ！
A5判　184頁　定価1870円 (本体1700円)

表現パターンを身につける フランス語作文
塩谷祐人 [著]　　練習問題でパターンを習得！
A5判　191頁　定価2420円 (本体2200円)

単語集／熟語集

フラ語入門、ボキャブラ、単語王とは おこがましい！ [増補新版]
清岡智比古 [著]　　　　　　　　【音声ダウンロードあり】
(2色刷) A5判　263頁　定価2090円 (本体1900円)

《仏検》3・4級必須単語集 (新装版)　【CD付】
久松健一 [著]　　基礎語彙力養成にも最適！
四六判　234頁　定価1760円 (本体1600円)

DELF A2 対応　　　　　　　【音声ダウンロードあり】 フランス語単語トレーニング
モーリス・ジャケ／舟杉真一／服部悦子 [著]
四六判　203頁　定価2640円 (本体2400円)

DELF B1・B2 対応　　　　　【音声ダウンロードあり】 フランス語単語トレーニング
モーリス・ジャケ／舟杉真一／服部悦子 [著]
四六判　202頁　定価2860円 (本体2600円)

重版にあたり，価格が変更になることがありますので，ご了承ください.

動 詞 活 用 表

不定法	直　説　法			

① avoir

現在分詞
ayant

過去分詞
eu [y]

現　　在	半　過　去	単純過去	単純未来
j' **ai** [e]	j' **avais**	j' **eus** [y]	j' **aurai**
tu **as**	tu **avais**	tu **eus**	tu **auras**
il **a**	il **avait**	il **eut**	il **aura**
nous **avons**	nous **avions**	nous **eûmes**	nous **aurons**
vous **avez**	vous **aviez**	vous **eûtes**	vous **aurez**
ils **ont**	ils **avaient**	ils **eurent**	ils **auront**

複合過去	大　過　去	前　過　去	前　未　来
j' ai eu	j' avais eu	j' eus eu	j' aurai eu
tu as eu	tu avais eu	tu eus eu	tu auras eu
il a eu	il avait eu	il eut eu	il aura eu
nous avons eu	nous avions eu	nous eûmes eu	nous aurons eu
vous avez eu	vous aviez eu	vous eûtes eu	vous aurez eu
ils ont eu	ils avaient eu	ils eurent eu	ils auront eu

② être

現在分詞
étant

過去分詞
été

現　　在	半　過　去	単純過去	単純未来
je **suis**	j' **étais**	je **fus**	je **serai**
tu **es**	tu **étais**	tu **fus**	tu **seras**
il **est**	il **était**	il **fut**	il **sera**
nous **sommes**	nous **étions**	nous **fûmes**	nous **serons**
vous **êtes**	vous **étiez**	vous **fûtes**	vous **serez**
ils **sont**	ils **étaient**	ils **furent**	ils **seront**

複合過去	大　過　去	前　過　去	前　未　来
j' ai été	j' avais été	j' eus été	j' aurai été
tu as été	tu avais été	tu eus été	tu auras été
il a été	il avait été	il eut été	il aura été
nous avons été	nous avions été	nous eûmes été	nous aurons été
vous avez été	vous aviez été	vous eûtes été	vous aurez été
ils ont été	ils avaient été	ils eurent été	ils auront été

③ aimer

現在分詞
aimant

過去分詞
aimé

第1群
規則動詞

現　　在	半　過　去	単純過去	単純未来
j' **aime**	j' **aimais**	j' **aimai**	j' **aimerai**
tu **aimes**	tu **aimais**	tu **aimas**	tu **aimeras**
il **aime**	il **aimait**	il **aima**	il **aimera**
nous **aimons**	nous **aimions**	nous **aimâmes**	nous **aimerons**
vous **aimez**	vous **aimiez**	vous **aimâtes**	vous **aimerez**
ils **aiment**	ils **aimaient**	ils **aimèrent**	ils **aimeront**

複合過去	大　過　去	前　過　去	前　未　来
j' ai aimé	j' avais aimé	j' eus aimé	j' aurai aimé
tu as aimé	tu avais aimé	tu eus aimé	tu auras aimé
il a aimé	il avait aimé	il eut aimé	il aura aimé
nous avons aimé	nous avions aimé	nous eûmes aimé	nous aurons aimé
vous avez aimé	vous aviez aimé	vous eûtes aimé	vous aurez aimé
ils ont aimé	ils avaient aimé	ils eurent aimé	ils auront aimé

④ finir

現在分詞
finissant

過去分詞
fini

第2群
規則動詞

現　　在	半　過　去	単純過去	単純未来
je **finis**	je **finissais**	je **finis**	je **finirai**
tu **finis**	tu **finissais**	tu **finis**	tu **finiras**
il **finit**	il **finissait**	il **finit**	il **finira**
nous **finissons**	nous **finissions**	nous **finîmes**	nous **finirons**
vous **finissez**	vous **finissiez**	vous **finîtes**	vous **finirez**
ils **finissent**	ils **finissaient**	ils **finirent**	ils **finiront**

複合過去	大　過　去	前　過　去	前　未　来
j' ai fini	j' avais fini	j' eus fini	j' aurai fini
tu as fini	tu avais fini	tu eus fini	tu auras fini
il a fini	il avait fini	il eut fini	il aura fini
nous avons fini	nous avions fini	nous eûmes fini	nous aurons fini
vous avez fini	vous aviez fini	vous eûtes fini	vous aurez fini
ils ont fini	ils avaient fini	ils eurent fini	ils auront fini

条　件　法	接　続　法		命　令　法
現　　在	**現　　在**	**半　過　去**	
j'　au**rais** tu　au**rais** il　au**rait** nous　au**rions** vous　au**riez** ils　au**raient**	j'　aie [ɛ] tu　aies il　ait nous　ay**ons** vous　ay**ez** ils　ai**ent**	j'　**eusse** tu　**eusses** il　**eût** nous　**eussions** vous　**eussiez** ils　**eussent**	aie ay**ons** ay**ez**
過　　去	**過　　去**	**大　過　去**	
j'　aurais　eu tu　aurais　eu il　aurait　eu nous　aurions　eu vous　auriez　eu ils　auraient eu	j'　aie　eu tu　aies　eu il　ait　eu nous　ayons　eu vous　ayez　eu ils　aient　eu	j'　eusse　eu tu　eusses　eu il　eût　eu nous　eussions eu vous　eussiez　eu ils　eussent　eu	
現　　在	**現　　在**	**半　過　去**	
je　se**rais** tu　se**rais** il　se**rait** nous　se**rions** vous　se**riez** ils　se**raient**	je　sois tu　sois il　soit nous　soy**ons** vous　soy**ez** ils　soi**ent**	je　**fusse** tu　**fusses** il　**fût** nous　**fussions** vous　**fussiez** ils　**fussent**	sois soy**ons** soy**ez**
過　　去	**過　　去**	**大　過　去**	
j'　aurais　été tu　aurais　été il　aurait　été nous　aurions　été vous　auriez　été ils　auraient été	j'　aie　été tu　aies　été il　ait　été nous　ayons　été vous　ayez　été ils　aient　été	j'　eusse　été tu　eusses　été il　eût　été nous　eussions été vous　eussiez　été ils　eussent　été	
現　　在	**現　　在**	**半　過　去**	
j'　aime**rais** tu　aime**rais** il　aime**rait** nous　aime**rions** vous　aime**riez** ils　aime**raient**	j'　aim**e** tu　aim**es** il　aim**e** nous　aim**ions** vous　aim**iez** ils　aim**ent**	j'　aim**asse** tu　aim**asses** il　aim**ât** nous　aim**assions** vous　aim**assiez** ils　aim**assent**	aim**e** aim**ons** aim**ez**
過　　去	**過　　去**	**大　過　去**	
j'　aurais　aimé tu　aurais　aimé il　aurait　aimé nous　aurions　aimé vous　auriez　aimé ils　auraient aimé	j'　aie　aimé tu　aies　aimé il　ait　aimé nous　ayons　aimé vous　ayez　aimé ils　aient　aimé	j'　eusse　aimé tu　eusses　aimé il　eût　aimé nous　eussions aimé vous　eussiez　aimé ils　eussent　aimé	
現　　在	**現　　在**	**半　過　去**	
je　fini**rais** tu　fini**rais** il　fini**rait** nous　fini**rions** vous　fini**riez** ils　fini**raient**	je　fini**sse** tu　fini**sses** il　fini**sse** nous　fini**ssions** vous　fini**ssiez** ils　fini**ssent**	je　fini**sse** tu　fini**sses** il　fin**ît** nous　fini**ssions** vous　fini**ssiez** ils　fini**ssent**	fini**s** fini**ssons** fini**ssez**
過　　去	**過　　去**	**大　過　去**	
j'　aurais　fini tu　aurais　fini il　aurait　fini nous　aurions　fini vous　auriez　fini ils　auraient fini	j'　aie　fini tu　aies　fini il　ait　fini nous　ayons　fini vous　ayez　fini ils　aient　fini	j'　eusse　fini tu　eusses　fini il　eût　fini nous　eussions fini vous　eussiez　fini ils　eussent　fini	

不定法 現在分詞 過去分詞	直　　説　　法			
	現　　在	半　過　去	単純過去	単純未来
⑤ **acheter** achetant acheté	j' achète tu achètes il achète n. achetons v. achetez ils achètent	j' achetais tu achetais il achetait n. achetions v. achetiez ils achetaient	j' achetai tu achetas il acheta n. achetâmes v. achetâtes ils achetèrent	j' achèterai tu achèteras il achètera n. achèterons v. achèterez ils achèteront
⑥ **aller** allant allé	je **vais** tu **vas** il **va** n. allons v. allez ils **vont**	j' allais tu allais il allait n. allions v. alliez ils allaient	j' allai tu allas il alla n. allâmes v. allâtes ils allèrent	j' irai tu iras il ira n. irons v. irez ils iront
⑦ **appeler** appelant appelé	j' appelle tu appelles il appelle n. appelons v. appelez ils appellent	j' appelais tu appelais il appelait n. appelions v. appeliez ils appelaient	j' appelai tu appelas il appela n. appelâmes v. appelâtes ils appelèrent	j' appellerai tu appelleras il appellera n. appellerons v. appellerez ils appelleront
⑧ **asseoir** asseyant (assoyant) assis	j' assieds [asje] tu assieds il assied n. asseyons v. asseyez ils asseyent j' assois tu assois il assoit n. assoyons v. assoyez ils assoient	j' asseyais tu asseyais il asseyait n. asseyions v. asseyiez ils asseyaient j' assoyais tu assoyais il assoyait n. assoyions v. assoyiez ils assoyaient	j' assis tu assis il assit n. assîmes v. assîtes ils assirent	j' assiérai tu assiéras il assiéra n. assiérons v. assiérez ils assiéront j' assoirai tu assoiras il assoira n. assoirons v. assoirez ils assoiront
⑨ **battre** battant battu	je bats tu bats il bat n. battons v. battez ils battent	je battais tu battais il battait n. battions v. battiez ils battaient	je battis tu battis il battit n. battîmes v. battîtes ils battirent	je battrai tu battras il battra n. battrons v. battrez ils battront
⑩ **boire** buvant bu	je bois tu bois il boit n. buvons v. buvez ils boivent	je buvais tu buvais il buvait n. buvions v. buviez ils buvaient	je bus tu bus il but n. bûmes v. bûtes ils burent	je boirai tu boiras il boira n. boirons v. boirez ils boiront
⑪ **conduire** conduisant conduit	je conduis tu conduis il conduit n. conduisons v. conduisez ils conduisent	je conduisais tu conduisais il conduisait n. conduisions v. conduisiez ils conduisaient	je conduisis tu conduisis il conduisit n. conduisîmes v. conduisîtes ils conduisirent	je conduirai tu conduiras il conduira n. conduirons v. conduirez ils conduiront

条　件　法	接　　続　　法		命　令　法	同　　型
現　　在	現　　在	半　過　去		
j' achèterais tu achèterais il achèterait n. achèterions v. achèteriez ils achèteraient	j' achète tu achètes il achète n. achetions v. achetiez ils achètent	j' achetasse tu achetasses il achetât n. achetassions v. achetassiez ils achetassent	achète achetons achetez	achever lever mener promener soulever
j' irais tu irais il irait n. irions v. iriez ils iraient	j' **aille** tu **ailles** il **aille** n. allions v. alliez ils **aillent**	j' allasse tu allasses il allât n. allassions v. allassiez ils allassent	**va** allons allez	
j' appellerais tu appellerais il appellerait n. appellerions v. appelleriez ils appelleraient	j' appelle tu appelles il appelle n. appelions v. appeliez ils appellent	j' appelasse tu appelasses il appelât n. appelassions v. appelassiez ils appelassent	appelle appelons appelez	jeter rappeler
j' assiérais tu assiérais il assiérait n. assiérions v. assiériez ils assiéraient j' assoirais tu assoirais il assoirait n. assoirions v. assoiriez ils assoiraient	j' asseye [asɛj] tu asseyes il asseye n. asseyions v. asseyiez ils asseyent j' assoie tu assoies il assoie n. assoyions v. assoyiez ils assoient	j' assisse tu assisses il assît n. assissions v. assissiez ils assissent	assieds asseyons asseyez assois assoyons assoyez	注 主として代 名動詞s'asseoir で使われる.
je battrais tu battrais il battrait n. battrions v. battriez ils battraient	je batte tu battes il batte n. battions v. battiez ils battent	je battisse tu battisses il battît n. battissions v. battissiez ils battissent	bats battons battez	abattre combattre
je boirais tu boirais il boirait n. boirions v. boiriez ils boiraient	je boive tu boives il boive n. buvions v. buviez ils boivent	je busse tu busses il bût n. bussions v. bussiez ils bussent	bois buvons buvez	
je conduirais tu conduirais il conduirait n. conduirions v. conduiriez ils conduiraient	je conduise tu conduises il conduise n. conduisions v. conduisiez ils conduisent	je conduisisse tu conduisisses il conduisît n. conduisissions v. conduisissiez ils conduisissent	conduis conduisons conduisez	construire détruire instruire introduire produire traduire

不 定 法 現在分詞 過去分詞	直　　　説　　　法			
	現　　　在	半　過　去	単　純　過　去	単　純　未　来
⑫ **connaître** connaissant connu	je connais tu connais il connaît n. connaissons v. connaissez ils connaissent	je connaissais tu connaissais il connaissait n. connaissions v. connaissiez ils connaissaient	je connus tu connus il connut n. connûmes v. connûtes ils connurent	je connaîtrai tu connaîtras il connaîtra n. connaîtrons v. connaîtrez ils connaîtront
⑬ **courir** courant couru	je cours tu cours il court n. courons v. courez ils courent	je courais tu courais il courait n. courions v. couriez ils couraient	je courus tu courus il courut n. courûmes v. courûtes ils coururent	je courrai tu courras il courra n. courrons v. courrez ils courront
⑭ **craindre** craignant craint	je crains tu crains il craint n. craignons v. craignez ils craignent	je craignais tu craignais il craignait n. craignions v. craigniez ils craignaient	je craignis tu craignis il craignit n. craignîmes v. craignîtes ils craignirent	je craindrai tu craindras il craindra n. craindrons v. craindrez ils craindront
⑮ **croire** croyant cru	je crois tu crois il croit n. croyons v. croyez ils croient	je croyais tu croyais il croyait n. croyions v. croyiez ils croyaient	je crus tu crus il crut n. crûmes v. crûtes ils crurent	je croirai tu croiras il croira n. croirons v. croirez ils croiront
⑯ **devoir** devant dû, due, dus, dues	je dois tu dois il doit n. devons v. devez ils doivent	je devais tu devais il devait n. devions v. deviez ils devaient	je dus tu dus il dut n. dûmes v. dûtes ils durent	je devrai tu devras il devra n. devrons v. devrez ils devront
⑰ **dire** disant dit	je dis tu dis il dit n. disons v. di**tes** ils disent	je disais tu disais il disait n. disions v. disiez ils disaient	je dis tu dis il dit n. dîmes v. dîtes ils dirent	je dirai tu diras il dira n. dirons v. direz ils diront
⑱ **écrire** écrivant écrit	j' écris tu écris il écrit n. écrivons v. écrivez ils écrivent	j' écrivais tu écrivais il écrivait n. écrivions v. écriviez ils écrivaient	j' écrivis tu écrivis il écrivit n. écrivîmes v. écrivîtes ils écrivirent	j' écrirai tu écriras il écrira n. écrirons v. écrirez ils écriront
⑲ **employer** employant employé	j' emploie tu emploies il emploie n. employons v. employez ils emploient	j' employais tu employais il employait n. employions v. employiez ils employaient	j' employai tu employas il employa n. employâmes v. employâtes ils employèrent	j' emploierai tu emploieras il emploiera n. emploierons v. emploierez ils emploieront

条 件 法	接 続 法		命 令 法	同 型
現 在	現 在	半 過 去		
je connaîtrais tu connaîtrais il connaîtrait n. connaîtrions v. connaîtriez ils connaîtraient	je connaisse tu connaisses il connaisse n. connaissions v. connaissiez ils connaissent	je connusse tu connusses il connût n. connussions v. connussiez ils connussent	connais connaissons connaissez	apparaître disparaître paraître reconnaître
je courrais tu courrais il courrait n. courrions v. courriez ils courraient	je coure tu coures il coure n. courions v. couriez ils courent	je courusse tu courusses il courût n. courussions v. courussiez ils courussent	cours courons courez	accourir parcourir
je craindrais tu craindrais il craindrait n. craindrions v. craindriez ils craindraient	je craigne tu craignes il craigne n. craignions v. craigniez ils craignent	je craignisse tu craignisses il craignît n. craignissions v. craignissiez ils craignissent	crains craignons craignez	atteindre éteindre joindre peindre plaindre
je croirais tu croirais il croirait n. croirions v. croiriez ils croiraient	je croie tu croies il croie n. croyions v. croyiez ils croient	je crusse tu crusses il crût n. crussions v. crussiez ils crussent	crois croyons croyez	
je devrais tu devrais il devrait n. devrions v. devriez ils devraient	je doive tu doives il doive n. devions v. deviez ils doivent	je dusse tu dusses il dût n. dussions v. dussiez ils dussent		
je dirais tu dirais il dirait n. dirions v. diriez ils diraient	je dise tu dises il dise n. disions v. disiez ils disent	je disse tu disses il dît n. dissions v. dissiez ils dissent	dis disons **dites**	
j' écrirais tu écrirais il écrirait n. écririons v. écririez ils écriraient	j' écrive tu écrives il écrive n. écrivions v. écriviez ils écrivent	j' écrivisse tu écrivisses il écrivît n. écrivissions v. écrivissiez ils écrivissent	écris écrivons écrivez	décrire inscrire
j' emploierais tu emploierais il emploierait n. emploierions v. emploieriez ils emploieraient	j' emploie tu emploies il emploie n. employions v. employiez ils emploient	j' employasse tu employasses il employât n. employassions v. employassiez ils employassent	emploie employons employez	aboyer nettoyer noyer tutoyer

不定法 現在分詞 過去分詞	直　説　法			
	現　在	半過去	単純過去	単純未来
⑳ **envoyer** envoyant envoyé	j' envoie tu envoies il envoie n. envoyons v. envoyez ils envoient	j' envoyais tu envoyais il envoyait n. envoyions v. envoyiez ils envoyaient	j' envoyai tu envoyas il envoya n. envoyâmes v. envoyâtes ils envoyèrent	j' enverrai tu enverras il enverra n. enverrons v. enverrez ils enverront
㉑ **faire** faisant [fəzɑ̃] fait	je fais [fɛ] tu fais il fait n. faisons [fəzɔ̃] v. faites [fɛt] ils **font**	je faisais [fəzɛ] tu faisais il faisait n. faisions v. faisiez ils faisaient	je fis tu fis il fit n. fîmes v. fîtes ils firent	je ferai tu feras il fera n. ferons v. ferez ils feront
㉒ **falloir** — fallu	il faut	il fallait	il fallut	il faudra
㉓ **fuir** fuyant fui	je fuis tu fuis il fuit n. fuyons v. fuyez ils fuient	je fuyais tu fuyais il fuyait n. fuyions v. fuyiez ils fuyaient	je fuis tu fuis il fuit n. fuîmes v. fuîtes ils fuirent	je fuirai tu fuiras il fuira n. fuirons v. fuirez ils fuiront
㉔ **lire** lisant lu	je lis tu lis il lit n. lisons v. lisez ils lisent	je lisais tu lisais il lisait n. lisions v. lisiez ils lisaient	je lus tu lus il lut n. lûmes v. lûtes ils lurent	je lirai tu liras il lira n. lirons v. lirez ils liront
㉕ **manger** mangeant mangé	je mange tu manges il mange n. mangeons v. mangez ils mangent	je mangeais tu mangeais il mangeait n. mangions v. mangiez ils mangeaient	je mangeai tu mangeas il mangea n. mangeâmes v. mangeâtes ils mangèrent	je mangerai tu mangeras il mangera n. mangerons v. mangerez ils mangeront
㉖ **mettre** mettant mis	je mets tu mets il met n. mettons v. mettez ils mettent	je mettais tu mettais il mettait n. mettions v. mettiez ils mettaient	je mis tu mis il mit n. mîmes v. mîtes ils mirent	je mettrai tu mettras il mettra n. mettrons v. mettrez ils mettront
㉗ **mourir** mourant mort	je meurs tu meurs il meurt n. mourons v. mourez ils meurent	je mourais tu mourais il mourait n. mourions v. mouriez ils mouraient	je mourus tu mourus il mourut n. mourûmes v. mourûtes ils moururent	je mourrai tu mourras il mourra n. mourrons v. mourrez ils mourront

条 件 法	接 続 法		命令法	同 型
現　　在	現　　在	半 過 去		
j' enverrais tu enverrais il enverrait n. enverrions v. enverriez ils enverraient	j' envoie tu envoies il envoie n. envoyions v. envoyiez ils envoient	j' envoyasse tu envoyasses il envoyât n. envoyassions v. envoyassiez ils envoyassent	envoie envoyons envoyez	renvoyer
je ferais tu ferais il ferait n. ferions v. feriez ils feraient	je fasse tu fasses il fasse n. fassions v. fassiez ils fassent	je fisse tu fisses il fît n. fissions v. fissiez ils fissent	fais faisons faites	défaire refaire satisfaire
il faudrait	il faille	il fallût		
je fuirais tu fuirais il fuirait n. fuirions v. fuiriez ils fuiraient	je fuie tu fuies il fuie n. fuyions v. fuyiez ils fuient	je fuisse tu fuisses il fuît n. fuissions v. fuissiez ils fuissent	fuis fuyons fuyez	s'enfuir
je lirais tu lirais il lirait n. lirions v. liriez ils liraient	je lise tu lises il lise n. lisions v. lisiez ils lisent	je lusse tu lusses il lût n. lussions v. lussiez ils lussent	lis lisons lisez	élire relire
je mangerais tu mangerais il mangerait n. mangerions v. mangeriez ils mangeraient	je mange tu manges il mange n. mangions v. mangiez ils mangent	je mangeasse tu mangeasses il mangeât n. mangeassions v. mangeassiez ils mangeassent	mange mangeons mangez	changer déranger nager obliger partager voyager
je mettrais tu mettrais il mettrait n. mettrions v. mettriez ils mettraient	je mette tu mettes il mette n. mettions v. mettiez ils mettent	je misse tu misses il mît n. missions v. missiez ils missent	mets mettons mettez	admettre commettre permettre promettre remettre
je mourrais tu mourrais il mourrait n. mourrions v. mourriez ils mourraient	je meure tu meures il meure n. mourions v. mouriez ils meurent	je mourusse tu mourusses il mourût n. mourussions v. mourussiez ils mourussent	meurs mourons mourez	

不 定 法 現在分詞 過去分詞	直　　説　　法			
	現　　在	半 過 去	単純過去	単純未来
㉘ **naître** naissant né	je nais tu nais il naît n. naissons v. naissez ils naissent	je naissais tu naissais il naissait n. naissions v. naissiez ils naissaient	je naquis tu naquis il naquit n. naquîmes v. naquîtes ils naquirent	je naîtrai tu naîtras il naîtra n. naîtrons v. naîtrez ils naîtront
㉙ **ouvrir** ouvrant ouvert	j' ouvre tu ouvres il ouvre n. ouvrons v. ouvrez ils ouvrent	j' ouvrais tu ouvrais il ouvrait n. ouvrions v. ouvriez ils ouvraient	j' ouvris tu ouvris il ouvrit n. ouvrîmes v. ouvrîtes ils ouvrirent	j' ouvrirai tu ouvriras il ouvrira n. ouvrirons v. ouvrirez ils ouvriront
㉚ **partir** partant parti	je pars tu pars il part n. partons v. partez ils partent	je partais tu partais il partait n. partions v. partiez ils partaient	je partis tu partis il partit n. partîmes v. partîtes ils partirent	je partirai tu partiras il partira n. partirons v. partirez ils partiront
㉛ **payer** payant payé	je paie [pɛ] tu paies il paie n. payons v. payez ils paient - - - - - - - je paye [pɛj] tu payes il paye n. payons v. payez ils payent	je payais tu payais il payait n. payions v. payiez ils payaient	je payai tu payas il paya n. payâmes v. payâtes ils payèrent	je paierai tu paieras il paiera n. paierons v. paierez ils paieront - - - - - - - je payerai tu payeras il payera n. payerons v. payerez ils payeront
㉜ **placer** plaçant placé	je place tu places il place n. plaçons v. placez ils placent	je plaçais tu plaçais il plaçait n. placions v. placiez ils plaçaient	je plaçai tu plaças il plaça n. plaçâmes v. plaçâtes ils placèrent	je placerai tu placeras il placera n. placerons v. placerez ils placeront
㉝ **plaire** plaisant plu	je plais tu plais il plaît n. plaisons v. plaisez ils plaisent	je plaisais tu plaisais il plaisait n. plaisions v. plaisiez ils plaisaient	je plus tu plus il plut n. plûmes v. plûtes ils plurent	je plairai tu plairas il plaira n. plairons v. plairez ils plairont
㉞ **pleuvoir** pleuvant plu	il pleut	il pleuvait	il plut	il pleuvra

条　件　法	接　　続　　法		命 令 法	同　　型
現　　在	現　　在	半　過　去		
je naîtrais tu naîtrais il naîtrait n. naîtrions v. naîtriez ils naîtraient	je naisse tu naisses il naisse n. naissions v. naissiez ils naissent	je naquisse tu naquisses il naquît n. naquissions v. naquissiez ils naquissent	nais naissons naissez	
j' ouvrirais tu ouvrirais il ouvrirait n. ouvririons v. ouvririez ils ouvriraient	j' ouvre tu ouvres il ouvre n. ouvrions v. ouvriez ils ouvrent	j' ouvrisse tu ouvrisses il ouvrît n. ouvrissions v. ouvrissiez ils ouvrissent	ouvre ouvrons ouvrez	couvrir découvrir offrir souffrir
je partirais tu partirais il partirait n. partirions v. partiriez ils partiraient	je parte tu partes il parte n. partions v. partiez ils partent	je partisse tu partisses il partît n. partissions v. partissiez ils partissent	pars partons partez	dormir ressortir sentir servir sortir
je paierais tu paierais il paierait n. paierions v. paieriez ils paieraient	je paie tu paies il paie n. payions v. payiez ils paient	je payasse tu payasses il payât n. payassions v. payassiez ils payassent	paie payons payez	effrayer essayer
je payerais tu payerais il payerait n. payerions v. payeriez ils payeraient	je paye tu payes il paye n. payions v. payiez ils payent		paye payons payez	
je placerais tu placerais il placerait n. placerions v. placeriez ils placeraient	je place tu places il place n. placions v. placiez ils placent	je plaçasse tu plaçasses il plaçât n. plaçassions v. plaçassiez ils plaçassent	place plaçons placez	annoncer avancer commencer forcer lancer prononcer
je plairais tu plairais il plairait n. plairions v. plairiez ils plairaient	je plaise tu plaises il plaise n. plaisions v. plaisiez ils plaisent	je plusse tu plusses il plût n. plussions v. plussiez ils plussent	plais plaisons plaisez	complaire déplaire (se) taire 注 過去分詞 plu は不変
il pleuvrait	il pleuve	il plût		

不 定 法 現在分詞 過去分詞	直　　説　　法			
	現　　在	半　過　去	単純過去	単純未来
㉟ **pouvoir** pouvant pu	je peux (puis) tu peux il peut n. pouvons v. pouvez ils peuvent	je pouvais tu pouvais il pouvait n. pouvions v. pouviez ils pouvaient	je pus tu pus il put n. pûmes v. pûtes ils purent	je pourrai tu pourras il pourra n. pourrons v. pourrez ils pourront
㊱ **préférer** préférant préféré	je préfère tu préfères il préfère n. préférons v. préférez ils préfèrent	je préférais tu préférais il préférait n. préférions v. préfériez ils préféraient	je préférai tu préféras il préféra n. préférâmes v. préférâtes ils préférèrent	je préférerai tu préféreras il préférera n. préférerons v. préférerez ils préféreront
㊲ **prendre** prenant pris	je prends tu prends il prend n. prenons v. prenez ils prennent	je prenais tu prenais il prenait n. prenions v. preniez ils prenaient	je pris tu pris il prit n. prîmes v. prîtes ils prirent	je prendrai tu prendras il prendra n. prendrons v. prendrez ils prendront
㊳ **recevoir** recevant reçu	je reçois tu reçois il reçoit n. recevons v. recevez ils reçoivent	je recevais tu recevais il recevait n. recevions v. receviez ils recevaient	je reçus tu reçus il reçut n. reçûmes v. reçûtes ils reçurent	je recevrai tu recevras il recevra n. recevrons v. recevrez ils recevront
㊴ **rendre** rendant rendu	je rends tu rends il rend n. rendons v. rendez ils rendent	je rendais tu rendais il rendait n. rendions v. rendiez ils rendaient	je rendis tu rendis il rendit n. rendîmes v. rendîtes ils rendirent	je rendrai tu rendras il rendra n. rendrons v. rendrez ils rendront
㊵ **résoudre** résolvant résolu	je résous tu résous il résout n. résolvons v. résolvez ils résolvent	je résolvais tu résolvais il résolvait n. résolvions v. résolviez ils résolvaient	je résolus tu résolus il résolut n. résolûmes v. résolûtes ils résolurent	je résoudrai tu résoudras il résoudra n. résoudrons v. résoudrez ils résoudront
㊶ **rire** riant ri	je ris tu ris il rit n. rions v. riez ils rient	je riais tu riais il riait n. riions v. riiez ils riaient	je ris tu ris il rit n. rîmes v. rîtes ils rirent	je rirai tu riras il rira n. rirons v. rirez ils riront
㊷ **savoir** sachant su	je sais tu sais il sait n. savons v. savez ils savent	je savais tu savais il savait n. savions v. saviez ils savaient	je sus tu sus il sut n. sûmes v. sûtes ils surent	je saurai tu sauras il saura n. saurons v. saurez ils sauront

条件法	接続法		命令法	同型
現在	現在	半過去		
je pourrais tu pourrais il pourrait n. pourrions v. pourriez ils pourraient	je puisse tu puisses il puisse n. puissions v. puissiez ils puissent	je pusse tu pusses il pût n. pussions v. pussiez ils pussent		
je préférerais tu préférerais il préférerait n. préférerions v. préféreriez ils préféreraient	je préfère tu préfères il préfère n. préférions v. préfériez ils préfèrent	je préférasse tu préférasses il préférât n. préférassions v. préférassiez ils préférassent	préfère préférons préférez	céder considérer espérer pénétrer posséder répéter
je prendrais tu prendrais il prendrait n. prendrions v. prendriez ils prendraient	je prenne tu prennes il prenne n. prenions v. preniez ils prennent	je prisse tu prisses il prît n. prissions v. prissiez ils prissent	prends prenons prenez	apprendre comprendre entreprendre reprendre surprendre
je recevrais tu recevrais il recevrait n. recevrions v. recevriez ils recevraient	je reçoive tu reçoives il reçoive n. recevions v. receviez ils reçoivent	je reçusse tu reçusses il reçût n. reçussions v. reçussiez ils reçussent	reçois recevons recevez	apercevoir concevoir décevoir
je rendrais tu rendrais il rendrait n. rendrions v. rendriez ils rendraient	je rende tu rendes il rende n. rendions v. rendiez ils rendent	je rendisse tu rendisses il rendît n. rendissions v. rendissiez ils rendissent	rends rendons rendez	attendre descendre entendre perdre répondre vendre
je résoudrais tu résoudrais il résoudrait n. résoudrions v. résoudriez ils résoudraient	je résolve tu résolves il résolve n. résolvions v. résolviez ils résolvent	je résolusse tu résolusses il résolût n. résolussions v. résolussiez ils résolussent	résous résolvons résolvez	
je rirais tu rirais il rirait n. ririons v. ririez ils riraient	je rie tu ries il rie n. riions v. riiez ils rient	je risse tu risses il rît n. rissions v. rissiez ils rissent	ris rions riez	sourire 注 過去分詞 ri は不変
je saurais tu saurais il saurait n. saurions v. sauriez ils sauraient	je sache tu saches il sache n. sachions v. sachiez ils sachent	je susse tu susses il sût n. sussions v. sussiez ils sussent	sache sachons sachez	

不定法 現在分詞 過去分詞	直 説 法			
	現 在	半 過 去	単純過去	単純未来
㊸ **suffire** suffisant suffi	jc suffis tu suffis il suffit n. suffisons v. suffisez ils suffisent	jc suffisais tu suffisais il suffisait n. suffisions v. suffisiez ils suffisaient	jc suffis tu suffis il suffit n. suffîmes v. suffîtes ils suffirent	jc suffirai tu suffiras il suffira n. suffirons v. suffirez ils suffiront
㊹ **suivre** suivant suivi	je suis tu suis il suit n. suivons v. suivez ils suivent	je suivais tu suivais il suivait n. suivions v. suiviez ils suivaient	je suivis tu suivis il suivit n. suivîmes v. suivîtes ils suivirent	je suivrai tu suivras il suivra n. suivrons v. suivrez ils suivront
㊺ **vaincre** vainquant vaincu	je vaincs tu vaincs il vainc n. vainquons v. vainquez ils vainquent	je vainquais tu vainquais il vainquait n. vainquions v. vainquiez ils vainquaient	je vainquis tu vainquis il vainquit n. vainquîmes v. vainquîtes ils vainquirent	je vaincrai tu vaincras il vaincra n. vaincrons v. vaincrez ils vaincront
㊻ **valoir** valant valu	je vaux tu vaux il vaut n. valons v. valez ils valent	je valais tu valais il valait n. valions v. valiez ils valaient	je valus tu valus il valut n. valûmes v. valûtes ils valurent	je vaudrai tu vaudras il vaudra n. vaudrons v. vaudrez ils vaudront
㊼ **venir** venant venu	je viens tu viens il vient n. venons v. venez ils viennent	je venais tu venais il venait n. venions v. veniez ils venaient	je vins tu vins il vint n. vînmes v. vîntes ils vinrent	je viendrai tu viendras il viendra n. viendrons v. viendrez ils viendront
㊽ **vivre** vivant vécu	je vis tu vis il vit n. vivons v. vivez ils vivent	je vivais tu vivais il vivait n. vivions v. viviez ils vivaient	je vécus tu vécus il vécut n. vécûmes v. vécûtes ils vécurent	je vivrai tu vivras il vivra n. vivrons v. vivrez ils vivront
㊾ **voir** voyant vu	je vois tu vois il voit n. voyons v. voyez ils voient	je voyais tu voyais il voyait n. voyions v. voyiez ils voyaient	je vis tu vis il vit n. vîmes v. vîtes ils virent	je verrai tu verras il verra n. verrons v. verrez ils verront
㊿ **vouloir** voulant voulu	je veux tu veux il veut n. voulons v. voulez ils veulent	je voulais tu voulais il voulait n. voulions v. vouliez ils voulaient	je voulus tu voulus il voulut n. voulûmes v. voulûtes ils voulurent	je voudrai tu voudras il voudra n. voudrons v. voudrez ils voudront

条　件　法	接　続　法		命　令　法	同　型
現　　在	現　　在	半　過　去		
je suffirais tu suffirais il suffirait n. suffirions v. suffiriez ils suffiraient	je suffise tu suffises il suffise n. suffisions v. suffisiez ils suffisent	je suffisse tu suffisses il suffît n. suffissions v. suffissiez ils suffissent	suffis suffisons suffisez	囲　過去分詞 suffi は不変
je suivrais tu suivrais il suivrait n. suivrions v. suivriez ils suivraient	je suive tu suives il suive n. suivions v. suiviez ils suivent	je suivisse tu suivisses il suivît n. suivissions v. suivissiez ils suivissent	suis suivons suivez	poursuivre
je vaincrais tu vaincrais il vaincrait n. vaincrions v. vaincriez ils vaincraient	je vainque tu vainques il vainque n. vainquions v. vainquiez ils vainquent	je vainquisse tu vainquisses il vainquît n. vainquissions v. vainquissiez ils vainquissent	vaincs vainquons vainquez	convaincre
je vaudrais tu vaudrais il vaudrait n. vaudrions v. vaudriez ils vaudraient	je vaille tu vailles il vaille n. valions v. valiez ils vaillent	je valusse tu valusses il valût n. valussions v. valussiez ils valussent		
je viendrais tu viendrais il viendrait n. viendrions v. viendriez ils viendraient	je vienne tu viennes il vienne n. venions v. veniez ils viennent	je vinsse tu vinsses il vînt n. vinssions v. vinssiez ils vinssent	viens venons venez	appartenir devenir obtenir revenir (se) souvenir tenir
je vivrais tu vivrais il vivrait n. vivrions v. vivriez ils vivraient	je vive tu vives il vive n. vivions v. viviez ils vivent	je vécusse tu vécusses il vécût n. vécussions v. vécussiez ils vécussent	vis vivons vivez	survivre
je verrais tu verrais il verrait n. verrions v. verriez ils verraient	je voie tu voies il voie n. voyions v. voyiez ils voient	je visse tu visses il vît n. vissions v. vissiez ils vissent	vois voyons voyez	entrevoir revoir
je voudrais tu voudrais il voudrait n. voudrions v. voudriez ils voudraient	je veuille tu veuilles il veuille n. voulions v. vouliez ils veuillent	je voulusse tu voulusses il voulût n. voulussions v. voulussiez ils voulussent	veuille veuillons veuillez	

◆ 動詞変化に関する注意

不 定 法
-er
-ir
-re
-oir

	直説法現在		直・半過去	直・単純未来	条・現在
je	-e	-s	-ais	-rai	-rais
tu	-es	-s	-ais	-ras	-rais
il	-e	-t	-ait	-ra	-rait
nous	-ons		-ions	-rons	-rions
vous	-ez		-iez	-rez	-riez
ils	-ent		-aient	-ront	-raient

現在分詞
-ant

	直・単純過去			接・現在	接・半過去	命 令 法	
je	-ai	-is	-us	-e	-sse		
tu	-as	-is	-us	-es	-sses	-e	-s
il	-a	-it	-ut	-e	-ˆt		
nous	-âmes	-îmes	-ûmes	-ions	-ssions	-ons	
vous	-âtes	-îtes	-ûtes	-iez	-ssiez	-ez	
ils	-èrent	-irent	-urent	-ent	-ssent		

〔複合時制〕

直 説 法	条 件 法
複合過去（助動詞の直・現在＋過去分詞）	過 去（助動詞の条・現在＋過去分詞）
大 過 去（助動詞の直・半過去＋過去分詞）	接 続 法
前 過 去（助動詞の直・単純過去＋過去分詞）	過 去（助動詞の接・現在＋過去分詞）
前 未 来（助動詞の直・単純未来＋過去分詞）	大過去（助動詞の接・半過去＋過去分詞）

* **現在分詞**は，通常，直説法・現在1人称複数の語尾 -ons を -ant に変えて作ることができる．(nous connaissons → connaissant)
* **直説法・半過去**の1人称単数は，通常，直説法・現在1人称複数の語尾 -ons を -ais に変えて作ることができる．(nous buvons → je buvais)
* **直説法・単純未来と条件法・現在**は，通常，不定法から作ることができる．
   (単純未来: aimer → j'aimerai   finir → je finirai   écrire → j'écrirai)
      ただし，-oir 型動詞の語幹は不規則．(pouvoir → je pourrai   savoir → je saurai)
* **接続法・現在**の1人称単数は，通常，直説法・現在3人称複数の語尾 -ent を -e に変えて作ることができる．(ils finissent → je finisse)
* **命令法**は，直説法・現在の2人称単数，1人称複数，2人称複数から，それぞれの主語 tu, nous, vous を取って作ることができる．(ただし，tu -es → -e   tu vas → va)
      avoir, être, savoir, vouloir の命令法は接続法・現在から作る．